歴史文化ライブラリー

315

変貌する清盛

『平家物語』を書きかえる

樋口大祐

吉川弘文館

目　次

『平家物語』の中の清盛

検非違使文学としての『平家物語』

子どもたちの清盛――プロローグ

「おごる平家」の射程距離

『朝日新聞』夕刊の金融情報欄に「第一線で活躍している経済人、学者など社外筆者の執筆による」とされる「経済気象台」というコラムがある。二〇〇四年十一月八日（月）の同欄には、アメリカ合衆国大統領選挙の結果、ジョージ・ブッシュ・ジュニアが再選されたことを受けて、「二期目のブッシュ経済運営は一筋縄ではいかない」だろうという趣旨の文章が掲載されているが、その見出しがなぜか「平家滅ぼすは平家」となっていた。同欄の筆者はアメリカ経済の不安定要因を列挙した上で、以下の文章でコラムを閉めくくっている。

> ビジネス寄りのブッシュ政権ではあるが、おごりで自滅した「平家滅ぼすは平家」になるようでは、国際経済は大打撃を受ける。世界平和の行方と同様、世界経済の前途

もこんご四年のブッシュ政権に委ねられる不安はぬぐい切れない。

コラムはアメリカ政府の経済政策が軍事ビジネス寄りであることを平家の「おごり」になぞらえて理解し、久しからずして自ら蒔いた種のために破綻してしまうのではないか、と心配しているのである。「おごりで自滅」云々の文言からは、アメリカ経済の行方に対する、一種底意地の悪い冷淡さを感じないでもないが、事実二期目のブッシュ政権の最後にリーマン・ショックが起こり、一〇〇年に一度といわれる世界的大不況が到来したことを思えば、この懸念自体は当たっていたことになるだろう。このコラムはブッシュ政権に対する反感を、「おごる平家は久しからず」という歴史の教訓（？）を読者に思い出させることで集約し、その説得力を高めようとしたのである。

もちろん、ブッシュ政権の当否を論じるのが本書の目的ではない。筆者が問題にしたいのは、平家とブッシュ政権という何の関係もない二つの歴史的存在が、「おごり」と「滅び」というキーワードで結びつけられてしまうという現象である。「おごる平家は久しからず」は、近世の談義本や滑稽本以来多用される、人口に膾炙したことわざだが、じつは『平家物語』（以下『平家』と略称）本文にある文句ではない。にもかかわらず、これらは歴史上実在した平家一門の性格を決定的な形で定義づけ、その後の歴史的事件や人間に応用できる「教訓」として普及しているのである。

子ども向け「源平」物語の系譜

「おごる平家」のパラダイムは、子どもの時から日本人の歴史的想像力のうちに埋め込まれている。明治以後、日本では児童伝記文学、あるいは古典を子ども向けにわかりやすくリライトした読み物が大量に出版・流布された。『平家』もその中の代表的な古典の一つであり、たとえば中学入学以前の子どもを対象にしたと思われる巌谷《いわや》小波《さざなみ》閲、木村《きむら》小舟《しょうしゅう》『歴史お伽《とぎ》』シリーズ（全一〇冊、一九一一年一月）の中には、『平家』の世界に話材をとったものが二冊（「源義経」「平重盛」）収録されている。また、戦前、多くの少年少女が愛読し、彼らなりの「理想主義」（佐藤忠男『少年の理想主義』〈明治図書出版、一九六四年〉）を培う大きな触媒の役割を果たしたとされる講談社の雑誌『少年倶楽部』では、「源氏の白旗」（大川白雨《おおかわはくう》、一九一六年十二月～一九一七年三月）、「源義経」（渡辺霞亭《かてい》、一九一七年二月～十二月）、「源氏の旗挙」（一九二〇年十二月～一九二一年四月）と、特にその初期において源平物の連載が目立つ。また、一九三〇年十一月から刊行開始された同社の『少年少女教育講談全集』シリーズでは、一九三一年一月刊行の第三巻に「源九郎義経」（狭間祐行《はざまひろゆき》）と「静御前」（本間雄三）、一九三一年三月刊行の第五巻に「御曹子六代御前」（大川白雨）と「有王《ありおう》と俊寛《しゅんかん》」（中村武羅夫《むらお》）が収録されている。

この傾向は時代によって消長はあるものの、第二次世界大戦後も基本的には変わらなかった。そして、その中で「おごる平家」の表象が繰り返し再生産されるのである。たとえば一九三〇年代に雑誌『満州浪曼』の領袖《りようしゆう》として中国大陸東北部で活躍した北村謙次郎（一九〇四〜一九八二）は一九六四年、偕成社から『平家物語』を刊行しているが、その冒頭、「この物語の主なる人々」を以下のように紹介している。

○妓王《ぎおう》　「妹の妓女とともに、清盛に仕える美しい舞い姫。あたらしくあらわれた仏御前のために、清盛の屋敷を追われ、尼となってさびしく世をおくる。」

○平清盛「この物語の主人公。若くして太政大臣の位にのぼり、平家一族の栄華をきずいた。五十一才、出家して浄海《じようかい》と名のったが、その後も政治のことに威をふるい、わがまま勝手なふるまいが多く、人の恨みのまととなって、ふしぎな熱病にかかって悶死する。」

○平重盛「清盛の長男。父とちがって朝廷を重んずる心ふかく、人をあわれむ心があつい。平家の柱石として重んじられていたが、清盛の強情を憂うるあまり、神にいのってみずから死を早める。」

北村謙次郎の『平家』の特徴は「妓王」が主要登場人物の冒頭に置かれていることであり、これは『満州浪曼』派の浪漫趣味＝志向が戦後に別の形をとって表現されたものとしてそれ自体興味深いが、そのことはここでは措いておこう。ここで注目すべきなのは、

「美しい舞い姫」妓王に対比させる形で、二番目に清盛が紹介され、「わがまま勝手なふるまいが多く、人の恨みのまととなって、ふしぎな熱病にかかって悶死する」という、同情の余地のない悪人として表象されていることである。さらに三番目に重盛が登場し、もう一度清盛を相対化することで、この世の善の代表としての妓王・重盛と悪の代表としての清盛が対照される形になっている。続く物語本文においても、「舞い姫」「鹿ケ谷《ししがたに》」と章が続き、清盛の悪人としてのイメージばかりが強調される半面、古典『平家』の本文には存在する彼に対する再評価の記述は一切省かれている。まだ世の中の複雑さを知らない子どもたちにとって、このような善悪二元論的な刷り込みの効果はとても大きかったことと思われる。

人生の反面教師？

また、戦後の代表的な児童文学作家の一人である福田清人《きよと》（一九〇四～一九九五。彼もまた戦前は満州文学の担い手だった）は、一九七四年に『平家物語』（偕成社）を刊行している。帯に「日本人の魂の叫び」（東京大学教授三好行雄）という文字が踊り、序文には同じく三好の「著者の福田清人先生はわたしの尊敬する国文学者でありますが、古典のなかに脈々と流れる日本人の心をわかりやすく、しかも芸術的な文章でみごとに再現されています」という文章が掲載されているこの書物は、『平家』を国民＝民族文学として押し出そうという意図が看取しうる書物である。その本文中には、以下のような著者の話中評が挿入されている。

時は、今こそわが世の春と、おごり、たかぶる平家の世のなかでした。「平家でなければ、人ではない。」とまで、その一族は、いばりかえっておりました。（中略）

清盛も、自分が正しい政治をおこない、りっぱに、世のなかの人びとの信用をえていさえしたならば、こんな少年たちまでつかって、自分の悪口を聞いてまわらせるようなことは、しなかったはずです。正しい政治家であったなら、かえって、町に自分の悪口がいわれていることを聞いては、自分の徳のたりないことをかえりみます。そしてりっぱなおこないをしようと、心がけたにちがいありません。しかし清盛は、この反対でした。

これらの文章からは、少年少女に対する人生の反面教師として清盛を位置づける意図を明確に読み取ることができる。また、『今昔物語集』等の研究で著名な国文学者長《なが》野《の》嘗一《じょういち》の『平家物語』（ポプラ社、一九六五年）は、長野氏一流のユーモアにあふれる楽しい書物だが、解説で、少年のころ清盛が嫌いだったこと、子どもに鎌倉武士のような名前をつけようとして妻に反対されたことを記している。ここには、軍記物の享受におけるジェンダー構制の問題（鎌倉武士への思い入れが無意識のホモソーシャリズムを内包していること）が端無くも示されているといえよう。いずれにしろ、清盛を悪人として描く傾向は、高野正巳訳『平家物語』（講談社青い鳥文庫、一九九四年）、平田喜信監修・岸田恋『平家物語』（くもんのまんが古典文学館、くもん出版、一九九〇年）等、『平家』の児童向けリライト本・漫画の分野においてはごく最近まで続いているのである（もっとも、横山光輝『平家物語』上中下〈マンガ日本の古典、中央公論社、一九九五年〉は静憲《じょうけん》と清盛の対話等、清盛側の視点も多く採用されており、かなり印象の違うものになっている）。

子ども向け「日本の歴史」ものと清盛

他方、戦後は第一線の歴史学者の監修による、日本の歴史を子ども向けに紹介するシリーズ物も大量に出版された。そこでの清盛の描かれ方はこれまでに見てきた印象とはかなり異なっている（たとえば、児玉幸多《こだまこうた》監修『日本の歴史6　源平の戦い』〈小学館版・少年少女学習まんが、初版一九八二年〉、永原慶二監修・蔵持重裕解説『日本の伝記　平清盛』〈集英社版・学習漫画、一九八九年〉等）。永原慶二氏は『日本の伝記　平清盛』の「はじめに」で、「清盛というと、物語では悪人のようにあつかわれる場合が多いようですが、これは、物語が敵側の源氏の立場から書かれているからで、事実とはいえません」と断っている。

この書の第一章「父と子」は「高平太・鼻平太」という節から始まる。冒頭は子どもの清盛が「くやしいーっ！」「どうして武士はみんなからばかにされなきゃならないんだ」と悔し泣きする場面である。清盛は都大路を歩いていた時、公家の家人と思しき人々から、

「ごらんよあの侍の子のかっこうを」「かき色の着物にわらなわの鼻緒の高げたとは……やっぱり侍はしゅみが悪いねえ」「おや！　あの子は法皇さまの番犬をつとめている平忠盛の長男だよ」「それじゃあ高げたの高平太と呼ぶことにしよう」「おやまあ高平太どのが扇で鼻をはさんだぞ」「高平太が鼻平太になった！」とさんざん嘲笑される。わけをきいた父親の忠盛は「笑いたい者には笑わせておけ！」「どうせかれらは知らんのだ」「わが伊勢平氏がどれほど苦労して地位を高めてきたことか……」と、祖父正盛の代からの苦労を説明する。そして、「平氏に対する世間の風はまだまだつめたい」「しかし平太よこのくやしさを忘れるな」「そしていつの日か平氏のほんとうの力を天下にしめしてやろうぞ！」と、息子を励ますのである。

また、「殿上のやみ討ち」の節では古典『平家』に沿う形で、忠盛の昇殿を快く思わない公卿たちのいやがらせを、忠盛とその家人の家貞が切りぬけ、かえって鳥羽院の好感を得る話が紹介されている。この漫画を読む子どもたちは、清盛の闘いの一生の基点に、この子ども時代の「くやしさ」があったことを知ることになるだろう。

しかし、平清盛を「おごり」と結びつけて理解するパラダイムには、実に強固なものがある。筆者自身の場合も、小学生（一九七〇年代後半）のころ読んだ子ども向けの『平家』群の中で、清盛は一番好きになれない人物だった。一方、好感を持ったのは畠山重《はたけやましげ》忠《ただ》や梶原景季《かじわらかげすえ》であり、平家一門では重盛と維盛《これもり》だった。筆者の環境が特に保守的なものだったのかもしれない（戦後世代なら、吉川英治の『新・平家物語』の影響を受けることもあったろう）。が、おそらくそれだけが理由ではない。子どもが子どもなりに持つ幼稚な正義感にとって、子ども向け『平家』群が示す源氏＝正義、平家＝悪という構図は抜きがたく、清盛の行為から正義を引き出すことがいかにしても不可能だったからではないだろうか。

さきほどの永原氏の言葉、「清盛というと、物語では悪人のようにあつかわれる場合が多いようですが、これは、物語が敵側の源氏の立場から書かれているからで、事実とはいえません」は、歴史（学）系の物語と古典文学系の物語の差異がなぜ生じるのかということを考える際の、一つのヒントになるだろう。この差異の問題を「事実と物語は違うのだ」という形で切り捨ててしまうことは、歴史叙述というジャンルのはらみ持つ難問と可能性から背を向けることになる。現在、「平家滅ぼすは平家」「おごる平家は久しからず」が現代史のアレゴリーとして使用されているのを見ると、過去の記憶が苦みを持ってよみがえる。平清盛は実在した歴史上の人物であり、『平家』は歴史を対象とした物語である。歴史を対象とした物語である以上、読者は物語中の清盛を実在の清盛と重ね合わせて読むのがふつうであり、前者が後者と矛盾している場合、読者は前者の物語を楽しむ権利と同時に、八百数十年前に生きて死んでいった、実在の清盛に対する一種の緊張関係に立つことになるという自覚をも要請されるだろう。『平家』における清盛のイメージはどのような論理に支えられているのか、後世の読者は清盛の「悪行」をどう受け取り、読みかえてきたのか。本書ではこの古くて新しい課題を改めて考察していきたい。

この課題を考えるにあたっての導きの糸となる文章を二つ紹介したい。一番目は日本の劇作家木下順二（一九一四〜二〇〇六）、二つ目はドイツの批評家ヴァルター・ベンヤミン（一八九二〜一九四〇）の以下の言葉である。

木下順二の清盛

この第五巻では、（中略）清盛が行なったいろんな無理や無法がだんだん清盛にはね返ってさまざまに彼を苦しめ、そしてついに彼が壮絶ともいうべき死をとげるところまでを書いた。栄華の絶頂にあっていい気持でいる時よりも、この最後の痛苦に充ちた数年間の中に、清盛という人の本当の人生や人間性が見られるように思うからである。例えば死の四年前に清盛は「完全な独裁政権」をうちたてたが、（中略）それは大変な無理非道の結果でき上がったものであって、従って清盛の心中も矛盾と苦痛に充ちたつらいものだったはずである。（中略）

彼は確かに暴君ではあったが、一方実際では、その思慮深さや部下への思いやりや、そういうやさしい側面があったことは、歴史的事実として残っている。また重盛にしても、ここでの彼は、もっぱら賢くて行い正しい忠臣として描かれているが、実際では相当乱暴なこともやった事実が分かっている。

　しかし『平家物語』の中では、二人それぞれのそういう側面は隠されて、一方は全くの暴君、一方は全くの賢臣として描かれ、そのことが『平家物語』をすぐれた作品としている。（『絵巻平家物語』第五巻あとがき）

木下順二は後で紹介する戯曲『子午線《しごせん》の祀《まつ》り』の著者であり、『平家』には大変造詣の深い作家である。引用文は彼が書いた『絵巻平家物語』の第五巻の解説の中の文章である。「一方は全くの暴君、一方は全くの賢臣として描かれ、そのことが『平家物語』をすぐれた作品としている」という文言からは、彼が人間をある種の典型として描き出すことを、文学作品による真実の表現としてふさわしいものと考えていることが読み取れる。清盛の生涯最後の数年に彼の本質を見ようとすることも同じ考えに基づいているのであろう。

歴史をさかなですること

　しかし、人間とは本当にそのようなものなのか。次にベンヤミン「歴史の概念について」の言葉を見てみたい。

過去を歴史的に関連づけることは、それを「もともとあったとおりに」認識することではない。危機の瞬間にひらめくような回想を捉えることである。（中略）危機は現に伝統の総体をも、伝統の受け手たちをも、おびやかしている。両者にとって危機は同一のものであり、それは、支配階級の道具となりかねないという危機である。どのような時代にあっても、伝統をとりこにしようとしているコンフォーミズムの手から、あらたに伝統を奪いかえすことが試みられねばならぬ。（中略）過去のものに希望の火花をかきたててやる能力をもつ者は、もし敵が勝てば〈死者もまた〉危険にさらされる、ということを知りぬいている歴史記述者のほかにはない。そして敵は、依然として勝ちつづけているのだ。（第Ⅵ節）

いつの時代でも支配者は、かつての勝利者たち全体の遺産相続人である。したがって勝利者への感情移入は、いつの時代の支配者にも、しごくつごうがよい。（中略）こんにちにいたるまでの勝利者は誰もかれも、いま地に倒れているひとびとを踏みにじってゆく行列、こんにちの支配者たちの凱旋の行列に加わって、一緒に行進する。行列は、従来の習慣を少しもたがえず、戦利品を引き廻して歩く。戦利品は文化財と呼ばれている。（中略）じっさい、この観察者が展望する文化財は、ひとつの例外もなく、戦慄をおぼえずには考えられないような由来をもっているではないか。それは、その存在を、それを創造した偉大な天才たちの労苦に負っているだけでなく、作者たちと同時代のひとびとのいいしれぬ苦役にも、負っているのだ。それは文化のドキュメントであると同時に、野蛮のドキュメントでもある。そして、それ自体が野蛮から自由ではないように、それがひとの手から手へつぎつぎと渡ってきた伝達の過程も、野蛮から自由ではない。だから歴史的唯物論者は、できるかぎりこのような伝達から断絶する。かれは、歴史をさかなですることを、自己の課題とみなす。（第Ⅶ節）

「歴史をさかなですること」という言葉は、最近ではイタリアの歴史家カルロ・ギンズブルグも愛用する言葉である。ここには、公認された「文化」なるものがどのような過程を経て伝来してきたのか、その政治性に関する赤裸々な認識がある。歴史文学を読むという行為もまた、このような認識を無視しては成り立たないのではないだろうか。

以上のことを念頭におきつつ、次章以下で、清盛の表象とその変遷について、多角的に検討していきたい。

同時代人にとっての清盛

『平家物語』以外の物語・説話と清盛

出生の秘密

本章では、貴族の日記類や同時代人による回想的記述を通して、同時代人にとっての平清盛（一一一八〜八一）のイメージを追ってみたい。もっとも、ここでもベンヤミンの言葉の通り、日記や回想といっても、そこには著しい階層的・ジェンダー的偏りが存在する。したがって本章で見る清盛の像はあくまでもそのような偏りを含むものとして考える必要があろう。具体的には、摂関家の九条兼実《くじょうかねざね》（一一四九〜一二〇七）の日記『玉葉《ぎょくよう》』を中心に、中山忠親《ただちか》の日記『山槐記《さんかいき》』、天台座主《てんざいざす》を務めた高僧で九条兼実の弟である慈円《じえん》（一一五五〜一二二五）の史論『愚管抄《ぐかんしょう》』、十三世紀初頭成立の源顕兼編纂の説話集『古事談』、同世紀中葉成立の作者不明の説話集『十訓抄《じっきんしょう》』等に清盛に関する記述がある。

なお、清盛に関してはこの十年前後の間に、五味文彦『平清盛』（吉川弘文館、一九九九年）、元木泰雄『平清盛の闘い』（角川選書、二〇〇一年）、高橋昌明『平清盛　福原の夢』（講談社選書メチエ、二〇〇七年）等、歴史学者による優れた評伝が書かれている。これらの著作も参照しつつ、同時代人にとっての清盛像を時系列を追って紹介していきたい。

あらかじめ結論を先取りしていうなら、貴族たちの清盛に対する評価は治承三年（一一七九）のクーデターおよび同四年の福原遷都《ふくはらせんと》によって大きく変化する。この二つの出来事以後の清盛はまさに強権政治家の印象だが、それ以前の彼については、そのようなイメージはかなり希薄であり、『平家』におけるイメージとはかなり隔たりがある。

平清盛は元永元年（一一一八）正月十八日に生まれた（『公卿補任《くぎょうぶにん》』『玉葉《ぎょくずい》』等）。父親は表向きは桓武平氏《かんむへいし》の平忠盛《ただもり》、母親は保安元年（一一二〇）七月十二日に急死した、もとは白河院の辺に仕えていた女性である。しかし、後述するように『平家』には彼が実は白河法皇と祇園女御《ぎおんにょうご》の間に生まれた私生児であったとの有名な説が記されている。五味文彦氏は皇胤《こういん》説に懐疑的だが、高橋昌明氏は、彼の若いころの昇進が速いことを理由に、周囲が彼を白河法皇の子であると認知していたことは明らかであるとする。他方、元木泰雄氏は、清盛の昇進速度が飛びぬけて速いとはいえず、このこと自体は彼が皇胤であることの理由にはならないとしつつも、後年彼が太政大臣に任命されたことをもって、周囲が彼を皇胤と認知していたことは明らかであるとしている。

この問題は彼の一生を考える上で確かに非常に重要な問題であり、のちに述べるように吉川英治『新・平家物語』においても父親の問題は大きなテーマの一つとなっている。しかし、真相はわからないというほかはない。また、『玉葉』や『愚管抄』のような同時代記録には、その性格上当然とはいえ、それを示唆するような記述は見当たらない。この問題については次章「『平家物語』の中の清盛」で考えたい。

「人の心を感ぜしむ」る清盛

次に、彼の少年時代の環境について見てみよう。さきに引用した子ども向け漫画では、清盛が貧乏武士の子として「高平太」と嘲笑されているが、彼は大治二年（一一二九）正月六日には従五位下に叙せられ、同月二十四日には左兵衛佐《さひょうえのすけ》に任ぜられており、五位以上で位階を帯びている者を指す「貴族」の資格を得ている。保延元年（一一三五）には父忠盛の海賊追討の賞を譲り受けて従四位下となり、翌年には中務大輔《なかつかさのたいふ》、翌々年には肥後守《ひごのかみ》、さらに久安二年（一一四六）二月一日には正四位下に昇っている。

ただ、そのような外形的な順調さから、彼の少年時代が恵まれた幸福なものであったと断定することはできないだろう。彼の父忠盛は長承元年（一一三二）鳥羽院の得長寿院《とくちょうじゅいん》の成功のゆえをもって内裏への昇殿を許されたが、彼の異例の出世に対する貴族たちの反発は大きかった（『中右記』同年三月二十二日条等）。『平家』巻一「殿上闇討《てんじょうのやみうち》」は彼の栄達を快く思わない貴族たちが彼に嫌がらせをしようと計画したものの、却って忠盛主従の冷静沈着ぶりを表す結果になったことを記した説話であるが、伝統的な貴族が忠盛のような新興勢力（彼の致富は日宋《にっそう》貿易によってもたらされており、閉鎖的な貴族たちのなしうるところではなかった）を快く思わなかったことは想像に難くない。また、表向きの父親である忠盛以外に真の父親がいるかもしれないこと（しかもそのことは公言できない）、また母親を早く亡くしたことなどは、清盛に「孤児＝親のない子」特有の苦労や、この世の人間関係・階層関係を自明のものとしてではなく、相対的・批評的に見る視点を養わせたことと思われる。そのことをうかがわせるのが、『十訓抄』中巻七・二七の以下の説話である。

かやうのかたは、福原大相国禅門のわかがみ、いみじかりける人なり。折悪しく、にがにがしきことなれども、その主のたはぶれと思ひて、しつるをば、かれがとぶらひに、をかしからぬゑをも笑ひ、いかなる誤りをし、物をうち散らし、あさましきわざをしたれども、いひがひなしとて、荒き声をも立てず。

冬寒きころは、小侍どもわが衣の裾の下に臥せて、つとめては、かれらが朝寝したれば、やをらぬき出でて、思ふばかり寝させけり。

召し使ふにも及ばぬ末のものなれども、それがかたざまのものの見るところにては、人数なる由をもてなし給ひければ、いみじき面目にて、心にしみて、うれしと思ひけり。かやうの情けにて、ありとあるたぐひ思ひつきけり。

人の心を感ぜしむとはこれなり。

身分の低い下人たちの心を理解し、彼らを立派な人間として扱う清盛。他人から侮辱されることの悲しみを知っている人物、そしてそれを避けるために配慮を示す人物。このような清盛像もまた、実在の彼に対する人々の記憶の一部を反映しているのではないだろうか。

清盛の度量

清盛の度量の広さについては、慈円の『愚管抄』巻五にも証言がある。平治元年（一一五九）、平治の乱の際、清盛の熊野詣での最中に後白河院の近臣藤原信頼《ふじわらののぶより》と彼に与した源義朝《みなもとのよしとも》が三条殿を焼き討ちし、清盛の盟友であった信西《しんぜい》を殺害した。機先を制せられた清盛は、態勢を立て直して帰京し、信頼とは表向き対立しない姿勢を見せて時間を稼ぎ、二条天皇親政派の藤原経宗《つねむね》・惟方《これかた》等を抱き込み、天皇を自身の根拠地である六波羅《ろくはら》に移すことに成功した。形勢の逆転を知った貴族たちが続々と六波羅詣でを行う中、当初は信頼よりであった関白藤原忠通《ただみち》等が六波羅にやってきた。三条内府にその処置を尋ねられた清盛は、「摂籙《せつろく》の臣ノ御事ナドハ議ニ及ブベクモ候ハズ。マイラレザランヲゾワザトメサルベク候。参ラセ給ヒタランハ神妙ノ事ニテコソ候へ」と述べ、

「アハレヨク申物カナ」と周囲の人々が感嘆したという。清盛は、いったん対立した人物であっても、快く受け入れ、そのことを通じて自己の人望を拡大することができる、寛大で包容力のある人物として肯定的に描かれているのである。また、乱の平定後、今度は後白河院と二条天皇が対立した際のことについても、『愚管抄』は、「清盛モタレモ下ノ心ニハ、コノ後白河院ノ御世ニテ世ヲシロシメスコトヲバ、イカガトノミオモヘリケルニ、清盛ハヨクヨクツツシミテイミジクハカラヒテ、アナタコナタシケルニコソ」と記している。後白河院にも、二条天皇にも偏らず、双方の調和を図っていく立場、もちろんそれは彼自身のリスクヘッジ（危機対策）にもつながるやり方であったのだろうが、『愚管抄』はそれを清盛の政治的力量として最大限に評価しているのである。『徒然草《つれづれぐさ》』二二六段（『平家』の作者として「信濃前司行長《しなののぜんじゆきなが》」の名を挙げている）は、信濃行長が『平家』を編集したのが慈円の下でであったとしている。しかし、『愚管抄』における清盛への評価と『平家』における清盛への否定的な記述の間にはかなりの距離があることに注意すべきであろう。

慈円の清盛に対する好意は、あるいは清盛と山門《さんもん》の良好な関係に基づく部分もあるのかもしれない。後年、後白河院が山門に対して攻撃的な姿勢を見せたのに対し、清盛が山門に宥和《ゆうわ》的であったことは有名である。しかし、彼は若い時からそうだったわけではない。久安三年（一一四七）七月には、彼が祇園社における家人《けにん》の闘乱事件の責任を問われて、贖銅《しょくどう》の罪に問われている。後述するように、吉川英治『新・平家物語』は、清盛のこの祇園社事件を、空虚な権威を振りかざす寺社勢力に対して、そのような権威に囚われない清盛が抵抗した事件として捉えている。

保元・平治の乱と清盛

父忠盛の死の三年後の保元元年（一一五六）七月、保元《ほうげん》の乱《らん》が起こる。清盛（当時安芸守《あきのかみ》）は後白河天皇方に味方し、崇徳院方と戦った。忠盛の正室で清盛には義母にあたる池禅尼《いけのぜんに》が崇徳の皇子重仁親王の乳母であったため、清盛は最初後白河方の動員からもれていたが、池禅尼が息子の頼盛に清盛と共に闘うことを命じ、兄弟そろって後白河方に立って参戦した。勝利後の戦後処理の際には、後白河方の実力者・信西の指示で叔父の忠正を処刑している。しかし、この乱を記した日記類や『保元物語』などから、彼の個性をうかがわしめるような記述を見出すことはできない。崇徳院方についた源為朝《ためとも》が自身の弓勢を自負して語った言葉「マシテ清盛ナンドガヘロ〳〵矢ハ、何程の事か候べき」（半井本『保元物語』）という言葉が印象的だが、源氏の視点から語られる同物語において、清盛はその引き立て役以上の役割を与えられていない。

しかし、平治元年（一一五九）の平治《へいじ》の乱《らん》の場合は状況は異なる。『平治物語』諸本の中で古態を残すとされる陽明文庫本には、都で藤原信頼・源義朝によるクーデターが起き、清盛の盟友の信西が殺された時、熊野詣での途上であった清盛一族の堅い結束を示す説話が記されている。

清盛のたまいけるは、「これまで参りたれども、朝家の御大事、出来るうへは、先達ばかりをまいらせて、下するよりほかは他事なし。ただし、兵具もなきをば何《いか》せん」とのたまへば、筑後守家貞、「少々は用意つかまつりて候」とて、長櫃《ながびつ》五十合、日ごろは何物を入たるとも人にはしらせず、勢より少ひきさげて舁《か》かせたりけるを、めしよせて蓋をひらきたるをみれば、いろいろの介に太刀と矢を入たるをとりいだす。（中略）「家貞はまことに武勇の達者、思慮ふかき兵なり」とぞ、重盛は感じ給ひける。

熊野詣での途上であった清盛はただちに京へ引き返す判断を下すものの、武具が足りないことを案じていると、譜代の部下である家貞がこのような時のために密かに用意していた武具が存在することを告げたため、一同愁眉を開いたという話である。帰京した清盛は信頼側と事を構えることなく時間を稼ぎ、ついに幽閉されている二条天皇を脱出させ、六波羅の自らの邸に迎えることに成功する。謀られたことを知った義朝は六波羅を攻めるが、挟み撃ちにあい、合戦は清盛側の勝利に終わるのである。同本は六波羅合戦の朝の清盛の様子についても、「清盛、其日の装束には、飾磨の褐の直垂《ひたたれ》に、黒糸緘《おどし》の鎧、塗り篦《の》に黒保呂はぎたる矢の、十八さしたるを負ままに、塗籠籐の弓をぞ持たりける。（中略）下より上までおとなしやかに、真黒にこそ装束たれ。冑ばかりは、銀をもッて大鍬形をうちたりければ、白く耀て人にかはり、あはれ大将やと見えし」と記している。全身黒ずくめの武装に冑のみ銀色に輝く姿は、ある種の畏怖《いふ》の感覚を与えるものであり、清盛の知将としてのスタンスを示すものであろう（『古事談』四・二六にも、六波羅合戦に先立って、清盛の侍大将たちを目のあたりにした義朝が、「あはれ者共やな。各一人当千なり」と感嘆したという説話がある）。

また、陽明文庫本『平治物語』では、捕獲した若い頼朝の命を池禅尼の懇願によって助ける場面、自首してきた義朝の愛妾常盤《ときわ》と対面の上で、その幼い三人の息子たちを許す場面（「変貌する清盛」の章で記述）も印象的である。『保元物語』も『平治物語』も承久の乱後にその骨格を形成されたといわれており、清盛を悪人として描く『平家』の志向と重なるところもある（たとえば、成立年代が陽明文庫本より新しいとされる金刀比羅本『平治物語』には、六波羅合戦に際して清盛があわてて甲を逆さまにつけ、息子の重盛に批判されたというエピソードが記されている）。しかし最初の熊野詣での際の清盛の記述は、むしろ武士の主従の結束の強さを示す種類の説話、たとえば『承久記《じようきゆうき》』における尼将軍政子《まさこ》の演説の場面や、『平家』でも前述の「殿上闇討」の場面に通じるものを持っている。貴族社会から見た肯定的な他者としての清盛像、ということができよう（前述の『愚管抄』の記述も同様に位置づけられる）。

『玉葉』の中の清盛——治承三年以前

清盛の重病と兼実

それでは、ここからは九条兼実《くじょうかねざね》の日記『玉葉《ぎょくよう》』の記述に沿って、清盛がどう描かれているかについて紹介していこう。『玉葉』は現在、長寛二年（一一六四）以後の部分が残存している。のちに見るように清盛の死去に際しては痛烈な非難の言葉を残している兼実だが、平治の乱後しばらくの間の清盛に対する記述は決して悪意的なものではない。たとえば仁安三年（一一六八）二月、清盛が重病を患い、生命を危ぶまれて出家した際の記述は以下のようにある。

未《ひつじ》の刻許《ばか》り東宮に参る。女房に相合ひ、譲位の事等を談ず。昨日俄《にわか》に出で来たる事と云々。上皇思《おぼ》し食《め》す事あり（御出家のことか）。且つこれにより急がしめ給ふ。又前《さきの》大相国入道《だいしょうこくにゅうどう》の所悩已《はなは》だ危急、日比《ひごろ》に増さずと雖《いえど》も、更に減気あらず、且つかの人

夭亡の後、天下乱るべし。かくの如き等の事により、頗る急ぎ思し食す事かと云々
（同年同月十七日条）

ちなみに清盛はこの前年、太政大臣に叙任され、三ヵ月で辞退している。永万元年（一一六五）の二条天皇死去後は、二条の幼子・六条天皇が位にあったものの、政治の実権は後白河院に帰一しており、翌仁安元年（一一六六）には清盛の妻である堂上平氏流の時子《ときこ》の妹・滋子《しげこ》が産んだ皇子・憲仁《のりひと》親王（後の高倉《たかくら》天皇）が立太子《りつたいし》していた。『玉葉』の上記の記述は、清盛が当時皇太子であった憲仁親王の外戚であるため、彼が死ぬことがあれば政局が一挙に不安定化することを、兼実が恐れていたことを示している。この時点では兼実自身、清盛を天下の支えと認識していたのである（清盛の死去が「天下の大事」を引き起こすことを心配する記述は、同月九日条、十一日条にも見られる）。

その後、清盛が生きているうちに位を皇太子に移そうという後白河院の意思が実現し、同十九日、六条天皇の譲位、高倉天皇の践祚《せんそ》となった。しかし、清盛の病は引き続きまだ重かった。三月十三日条には、「大相国入道所労減気せず、日数を経と云々。仍《よ》つて使を着し相訪ふ。返答に云はく、不食《ふじき》日を逐ひて陰増すと云々。その憑《たの》み無きも、自ら平癒せば、参啓せむと云々」とあり、気弱になっている清盛の様子が伝えられている。ここでも、兼実に清盛に対する悪感情があったとは思えない。

対立の種

とはいえ、その後、以後の対立の種になるような要素が見え始める。嘉応二年（一一七〇）、山門《さんもん》が蜂起し、後白河院が対決姿勢を強める中で、院から悪僧鎮圧の命令を受けた平家一門が院の命令をきかず、清盛の意向を優先するという出来事があった。同年正月十三日条には、「或人云はく、頼盛卿今夜福原《ふくはら》に向ふ。これ入道相国の命に依るなりと云々。重盛卿又明日向ふべしと云々。山僧発向《はっこう》の由風聞の比《ころ》、専ら然るべからざるか云々」と記されている。その後清盛が入京し、後白河の意思を戴して動いていた検非違使別当《けびいしのべっとう》藤原成親《なりちか》が清盛の威に怖れ、辞職を願い出るという事態になった（同十七日条）。このころから、後白河院の意思と清盛の意思が一致せず、前者が後者に押し切られる事例がでてくるのである。

また、摂関家と清盛を代表とする平家一門の対立が顕在化したのが、有名な、平家の家《け》人《にん》が摂政藤原基房《もとふさ》（兼実の兄にあたる）の一行に暴行を加えた「殿下乗合《てんがののりあい》」事件である（次章「『平家物語』の中の清盛」参照）。しかし、『愚管抄《ぐかんしょう》』が、

コノ小松内府ハイミジク心ウルハシクテ、父入道ガ謀叛心アルトミテ、「トク死ナバヤ」ナドト云ト聞ヘシニ、イカニシタリケルニカ、父入道ガ教ニハアラデ、不可思議ノ事ヲ一ツシタリシナリ。（巻五）

と記しているように、この事件は清盛ではなく重盛《しげもり》が引き起こしたものであった。前後の

状況を考えると、九月二十日に、後白河院が清盛の福原別邸を訪問しており、十月三十日には、法皇から使者を福原の清盛の許に送ったという記録がある。したがって、十月二十一日当時、清盛が京にいてこのことを指図した可能性はゼロに近い（『玉葉』にも清盛がこの事件に関わったとする指摘はない）。

海域アジアと清盛

しかし、清盛と摂関家とのより重要な対立点は、単に京都の政界における面子《メンツ》や権威の問題ではなく、もっと大きな日本国の理念に関わるものであった。九月二十日条には、

法皇入道太相国の福原の山庄へ向はしめ給ふ。これ宋人の来着叡覧のためと云々。わが朝廷延喜以来未曾有の事なり。天魔の所為か。

という記事がある。後白河院が宋からの客人が来日したのを御覧になるため、清盛の福原別荘に向かった。しかしこのようなことは我が国では醍醐《だいご》天皇以来の未曾有のことであり、「天魔の所為」という言葉で兼実はこの行為を非難しているのである。日本は八世紀には盛んに遣唐使を中国に送り、大陸文化を直接摂取しようとしたが、寛平六年（八九四）、菅原道真《すがわらのみちざね》の建議に依り遣唐使を停止してしまう。その十年後の延喜五年（九〇五）には『古今和歌集』が初の勅撰和歌集として完成する。その仮名序で和歌の効能が説かれたことは、日本の文化的自立宣言と解釈することができる。それ以来、日本は公式に他国と国

交を持たない時代に入っていくのである。

王権とはもともと「外部の独占」を顕示するものであり、その意味で海外との関係は必要であったのだが、この時期以来、日本の王権は清浄化による神聖性の強化の方向をとり、外部からもたらされる「穢《けが》れ」を忌避する存在になっていった（九世紀末に宇多天皇が定めたとされる『寛平御遺誡』には、「外蕃の人必ずしも召し見るべき者は、簾中にありて見よ。直に対ふべからざらくのみ」という文言が存在する）。とはいえ、民間の商人の交流は西海において活発に行われており、清盛の父忠盛《ただもり》は日宋貿易によって富を築き、鳥羽《とば》院もその富力を政権の基盤の一つとしていた。藤原摂関家とのミウチ関係に依存しない新たな院政という政治形態は、新しい「外部の独占」の顕示を必要としていたのである。

後白河院の場合、もともと二条天皇へのバトンタッチのための中継という意味で即位したに過ぎず、権威を欠いていた彼にとって、従来の王権にない形式での文化的権威の獲得はより切実なものであったろう。彼の福原訪問、「宋人」謁見という行為には、どこまで意識されていたかはわからないが、『寛平御遺誡』に象徴されるような内向きの王権との決別、新しい東アジアの王権としての出発の示威《じい》が込められていたと思われる（後白河院はその後も、毎年福原に近い和田浜で清盛が主催した千僧供養に何度も参加している）。伝統的な政治勢力である摂関家に属する兼実がこれを「天魔の所為」と嘆くのは、彼の立場からすれば当然であったろう。
もっとも、兼実は必ずしも夜郎自大的な思想の持ち主だったわけではない。日本国の外交姿勢に関わる問題は、二年後の承安二年（一一七二）にも再燃する。同年九月十七日条には、

大宋国より物を法皇、並びに平相国入道等に供すと云々。その注文に云はく、日本国王に賜ふ物色、太政大臣に送る物色と云々。国王に賜ふ頗る奇怪。仍つて返し遣はさるべきか。将《はた》留め置かるべきか、その議あり。然れども事の体返さるべからざるか。又返牒に及ぶべからずと云々。異国定めて言ふ所あらんか。恥づべし、恥づべし。

とあり、宋からの書状が無礼である（「日本国王に賜ふ」という文言は、日本を一段下に見た表現である）ため、返信を出す必要はないという意見が大勢を占めつつあることに対して、兼実は「異国定めて言ふ所あらんか」と、宋国に悪印象を与えることになるのを気にしている。また同年九月二十二日条にも、

大唐より供物あり。国王に献ずる物、並びに太政大臣入道に送る物、差別ありと云々。その送り文二通（一通の書に云はく、日本国王に賜ふ。一通の書に云はく、日本国太政大臣に送る）。この状尤《もつと》も奇怪。（中略）今度の供物、彼の国王にあらず、明州の判史の供物なり。而《しか》るにその状奇怪なり。尤も返し遣はすべし。上古相互に使を送り物を贈

る。その牒状、大唐よりは天皇に送り上《たてまつ》ると書き、彼の国王をば天子と書く。我朝よりは又送ると書き、相互差別無し。而るに今度の所為言ふに足らず。而して無音に留めらるる条、異国定めて所存あるか。尤も悲しむべき事なりと云々。尤も然るべし。

とあり、十七日条と同じく、書状の表現が奇怪だからといって返信しないのはまずい、という大外記清原頼業の意見に同意している。また、翌年三月二十二日条では、

去る十四日より、二十日に至るまで、入道相国、福原に於て護摩《ごま》を修せらると云々。件《くだん》の間、宋朝より使者を送る。入道眼を合はせず。人を以て逢はしむる間、唐人大に怒り、帰り了《おわ》んぬと云々。凡《およ》そ異朝とわが国と、頻りに以て親昵《しんじつ》す。更に更に甘心《かんしん》せられざる事なり。

と、清盛が「唐人」に謁見しなかったために、先方を怒らせてしまったことを記し、宋国と日本の親しい関係に鑑みて、感心できない行為だと批判している。福原における事情が明確でないため、清盛がなぜ「眼を合はせ」なかったのか、またそれが事実なのかどうかも不明だが、兼実が国際関係に対してつねに最も保守的であったわけではなく、時には清盛以上に宋国へ与える印象を気にしていることがわかるだろう。

摂関家の資産継承問題

しかし、平氏一門の政界における勢力拡大は、やはり摂関家の利害と対立の度を増していった。たとえば承安五年三月九日条

では、

この日、入道相国室二品の堂供養なり。法皇、建春門院《けんしゅんもんいん》臨幸、中宮、白川殿、各《おのおの》その筵《えん》に臨む。巳の刻許り、束帯《そくたい》を着け、かの堂に向ふ（八条の北、壬生《みぶ》の東）。去朝の比《ころ》、院の蔵人盛仲、御幸あるべし、参向すべき由来たり催す。（中略）凡そ今日の事、希代の又希代、珍重の又珍重なり。末世の事、毎事弾指すべし。言ふ莫《なか》れ言ふ莫れ。

と、清盛の妻時子の堂供養に後白河院以下が参加し、自身も参加を要請されたことに対して異議を唱えている。さらに有名なのは、兼実の兄・近衛基実の夭折した際、基実に清盛の娘・盛子（白川殿）が嫁いでいたために彼女が摂関家の資産の大半を管理する形になり、基実の弟たちに伝領されなくなった一件である。治承三年（一一七九）六月十八日条の盛子死去の消息《しょうそく》に付したコメントに以下のようにある。

天下の人謂《い》へらく、異姓の身を以て藤氏の家を伝領す。氏の明神これを悪《にく》み、遂にこの罰を致すと云々。余思ふ所は、若《も》し大明神この事を咎めば、何ぞ十四年の間、その罰を与へざる。何に況《いわん》やこの後かの資財所領等、豈《あに》藤氏に付けられんや。計り以《おも》ふに公家の沙汰となすか。これを以てこれを思ふに、神明《しんめい》の罰拠る所無きに似たり。抑《そもそも》或人伝へて云はく、入道相国、先年の比《ころ》夢に曰く、賀茂大明神より、以て一の宝の山を賜ふ。その山高大にして、而《しか》も門内に入り難し。心底にこれを奇《あや》しみ、子細を使者

図１　春日大社の中門・回廊

に問ふ。使者答へて云はく、われはこれ春日大明神の御使なり（中略）。暫くこの宝の山を預け置くべしと云々。件の山の上、藤の花盛りに開き、悉く以てこれを掩《おお》ふといへり。その後故摂政と親昵し、幾程を経ず、摂政薨《こう》逝《せい》の刻、以後かの家、禅門に属すべき由、院宣《ぜん》を下さるる日、理須《すべか》らく遁辞を致すべきなり。而るに先年の夢を以てこれを案ずるに、わが朝の神明、量り定めらるる所の事、定めて以て様あるか。辞退還つて以て恐れあるべし。仍つて慭《なまじ》ひにこれを受け取り、暫く守護する所なり。主たる人受け継ぐべくは、定めてその期至るか。人意を以て輙《たやす》く進退する能はざる由、禅門密語せらると云々（この事伝語と雖《いえど》も、真実の説なり）。

ある人が伝えるところでは、清盛は先年、春日大明神から宝の山を賜った夢を見た。その宝の山の上には、藤の花が盛んに咲き、宝を覆っていた。その後、近衛基実と親しくなり、娘を嫁がせることになった。基実が亡くなった後、その家の財産を清盛に属せしめる院宣が下された時、筋からいえば辞退すべきであった。しかし、先年見た夢の心をもってこの件を考えると、我が国の神明が御計らいになった事柄については、定めて深いわけがあるに違いない。これを無理に辞退することは却って神明の意に背くものであると思い、しばらくの間預ることにした。真に継承すべき人がいるのであれば、然るべき時期が必ず来るであろう。人間の思慮では左右できないことである――そう、清盛がその人に話した、というのである。これが彼の戦略だったとすればそれは非常に巧妙なものであり、清盛が自身の利益を貫くと同時に、他者の心を開かせる術《すべ》にも長《た》けていた様がよく現れているように思う。

また、盛子の夭折を春日大明神の神罰と考えたがる藤原一門の人々の無意識に対して、兼実が明確に批判していることも注意に値する。この時期の兼実は、清盛の人物に対しては、比較的冷静な評価を行っているのである（結局、盛子伝領の所領は高倉天皇の管領とされることになる）。

また、治承二年（一一七八）十二月二十四日条には、

今夜頼政三位《さんみ》に叙す。第一の珍事なり。これ入道相国の奏請《そうせい》と云々。その状に云はく、

源氏平氏はわが国の堅めなり。而るに平氏に於ては、朝恩已《すで》に一族に普《あまね》し。威勢殆ど四海に満つ。これ勲功に依りてなり。源氏の勇士、多く逆賊に与し、併しながら殃罰《おうばつ》に当る。頼政独りその性正直、勇名世に被ぶり、未だ三品に昇らず。已に七旬に余れり。尤も哀憐あり。何《いか》に況《いわん》や近日身重病に沈むと云々。黄泉《よみ》に赴かざる前、特に紫綬《しじゅ》の恩を授くといへり。この一言に依り三品に叙せらると云々。入道の奏請の状賢しと雖も、時の人耳目を驚かさざる者なきか。

とあり、清盛が源氏の頼政を三位に叙することを推薦したことが、美談として記されている。さきに引用した『十訓抄《じっきんしょう》』の説話を想起させるような記事である。清盛が対立的な立場の人物をも抱き込むことのできる、配慮に富む人物であったことをうかがわせる。兼実も、「賢し」と、その行為を評価している。こういうところが本来の清盛の清盛たる所以《ゆえん》であり、彼の急速な出世をなさしめた原因だったのではないか。

『玉葉』の中の清盛――治承三年以後

治承三年十一月の政変

しかし、治承三年（一一七九）十一月のクーデター以後、九条兼実《くじょうかねざね》の清盛に対する筆致は批判を通り越して恐怖と嫌悪の入り混じったものに変貌していく。同月十五日条では、関白以下の院近臣《いんのきんしん》らの解官《げかん》の通知に接して、

余この状を披見する処、天を仰ぎ地に伏し、猶《なお》以て信受せず。夢か夢にあらざるか。弁へ存ずる所無し。この事の由来は、法皇越前国を収公し（故入道内大臣の知行国、維盛朝臣これを伝ふ）、並びに白川殿の倉預を補せらる（前大舎人頭兼盛《かねもり》）。已上《いじょう》両事、法皇の過怠と云々。三位中将師家《ちゅうじょうもろいえ》、二位中将基通《もとみち》を超え、中納言に任ず。師家年僅に八歳、古今例無し。これ博陸《はくりく》の罪科なり。凡《およ》そこの外法皇と同意し、国政を乱らるる由、入道相国攀縁《にゅうどうしょうこくはんえん》すと云々。（中略）爰《ここ》に禅門の使重衡《しげひら》朝臣、内裏《だいり》に奏し

て曰く、近日愚僧偏《ひとえ》に以て棄て置かれ、朝政の体を見るに安堵すべからず。世間に罪科を蒙る後、悔いて益無かるべし。身の暇を賜はり辺地に隠居するに如《し》かず。仍《よ》って両宮を具し奉らんため、行啓を催し儲くる所なりといへり。

と、驚愕とともに清盛の言動に関する噂を書きとめている。とはいえ、ここでは清盛よりもむしろ後白河院（法皇）と関白基房《もとふさ》（博陸）に対する批判が書きとめられている点が注目される。さらに十一月二十日条では、清盛がわざわざ、兼実の長男良通が右大将に任じられたことを知らせてきたとの情報に接して、以下のように書いている。

余この状を披見する処、先づ仰天の外他事無し。生涯の恥辱、これを身に於て極まり了《おわ》んぬ。万事沙汰に及ばざる間、この事出で来たる。余の欝を塞がれんためか。須《すべか》らく固辞すべきなり。而《しか》るに若し辞遁せば、忽に絞斬の罪に当るべし。加之《しかのみならず》、聊《いささ》か中心に存する所あり。仍って悦恐の由、自ら書き返報遣はし了《おわ》んぬ。子細を知らざる人、身の恥を知らず、望みを致す旨を存ずるか。何《いか》にせん何にせん。惣じてこれを言へば、堅く辞せざる条、諂諛《てんゆ》の甚だしきなり。只生涯の期を失ふべきなり。

おそらくは清盛の推挙によるものであろうこの人事に対して、「絶対に固辞すべきだ」と思いながらも、他方では「もし辞退すれば、すぐにも殺されてしまうだろう」と恐怖している。そして、結局のところ、自らお受けする旨の書簡を書いたこと、後世の人々はこれをもって恥知らずな人間だと思うであろうこと、自らこの行為は阿諛追従《あゆついしょう》の甚だしいものであり、生涯の傷になるであろうこと、などを書きつけている。どこまで読者を意識したパフォーマンスであったのかは不明だが、非常時に際会して、彼の心が動揺していたことは間違いない。

福原遷都

続く翌年六月の福原遷都《ふくはらせんと》に際しては、現実の展開があまりに急速であるため、持ち前の理性と批判精神が充分に働かず、慨嘆の言葉のみが目立つ。

たとえば六月二日条には、

卯の刻、入道相国福原の別業に行幸す。法皇上皇同じく以て渡御す。城外の行宮《あんぐう》、往古その例ありと雖《いえど》も、延暦以後、都《す》べてこの儀なし。誠に希代の勝事と謂《い》ふべきか。（中略）。或説、遷都あるべしと云々。縦《たと》ひ然るべしと雖も、忽ちに臨幸如何。（中略）又云はく、洛陽に留る輩中、刑を蒙るべき者ありと云々。凡そ異議紛紜、巷説縦横、緇素《しそ》貴賤、仰天を以て事となす。只天魔朝家を滅さんと謀る。悲しむべし悲しむべし。

とあり、「仰天を以て事となす」事態に彼自身翻弄されていることがわかる。同六日条には、福原における兼実の住所が決まらないこと、平頼盛が主上に住居を提供したことで正《しょう》二位《にい》を与えられたことに対して、「物狂ひの世、是非を論ずるに足らず。勿論勿論」とあり、シニカルな心境を表出している。とはいえ、まだ清盛に対する憎悪や非難の言葉は見られない。

清盛への非難

しかし、そのようなシニカルな筆致は平家没落の可能性が生まれ始めるや、清盛に対する激しい非難に変貌する。九月三日条には、八月末に関東で源頼朝《よりとも》が挙兵した消息がはじめて記される。

又伝へ聞く、謀叛《むほん》の賊、義朝《よしとも》の子、年来配所伊豆国にあり。而《しか》して近日凶悪を事とし、去る比《ころ》新司の先使を稜礫《りようれき》す（時忠《ときただ》卿知行の国なり）。凡そ伊豆、駿河両国押領し了んぬ。（中略）凡そ去年十一月以後、天下静ならず。これ則ち偏《ひとえ》に乱刑を以て海内を鎮めんとする間、夷戎《えびす》の類その威勢に怖れず。動《やや》もすれば暴虐の心を起す。将来又鎮得すべからざる事か。大乱に依り、国家を得るの主、必ず仁恵を以て遠きを服する者なり。今は則ち刑戮猥《けいりくみだ》りにして、仁義永く廃たれ、天下の災、殊に足を挙げ待つべし。

前半は頼朝の名前すらまだ不明で、「謀叛の賊、義朝の子」の「凶悪」を平将門《たいらのまさかど》に例えている。この時点では彼は決して頼朝に好意を寄せているとはいえない。しかし、この頼朝の挙兵の背景となる状況について、「乱刑を以て海内を鎮めんとする間」「今は則ち刑戮猥りにして、仁義永く廃たれ、天下の災、殊に足を挙げ待つべし」と、清盛のクーデターとそれ以後の恐怖政治を非難している。また、九月二十三日条では、

伝へ聞く、高倉宮《たかくらのみや》及び頼政《よりまさ》入道等、去る朝の比《ころ》駿河国を経て猶奥方に向ふ由、かの

人々の告札ありと云々。件の状世間に披露す。奇異の又奇異、喩を取るに物無し。（中略）虚誕と雖《いえど》も一旦かくの如き披露、未曾有《みぞう》の事なり。これ則ち禅門人望を失ふ間、事に於てかれのため凶瑞を表さんと欲し、天下の士女閭巷《りよこう》、奇怪の風聞をなすものなり。

と、清盛が人望を失ったことを伝え、はっきりと清盛批判を展開しているのである（十月二日条には「凡《およ》そ近日在々所々、乖背《かいはい》せざるなし。武を以て天下を治むる世、豈《あに》然るべからんや。誠に乱れたる代の至りなり」、十月八日条にも「夜に入り伝へ聞く、高倉宮必定現存す。去る七月伊豆国に下着すと云々。当時甲斐国に御座、仲綱已下相具し祗候《しこう》すと云々。但し信を取る能はず。凡そ権勢の人、遷都の事に依り、人望を失ふの間、かくの如き浮説流言、勝《あ》げて計《かぞ》ふべからざるか。誠に不便の事か」という表現がある）。

そして十一月二十六日、還都が決定したことが記される。

去る六月二日、忽然として都を摂州福原の別業に遷す。神福を降さず、人皆禍と称す。かれの不可に依り、この災異を致す。謂はゆる天変地夭の難、旱水風虫の損、厳神霊社の怪、関東鎮西の乱等これなり。而るに神明三宝《さんぼう》の冥助に依り、今この還都あり。一天の下、四海の中、王侯卿相、緇素貴賤、道俗男女、老少都鄙、歓娯せざるなし。この事誠にこれ衆庶の怨みを散じ、万民の望みに協《かな》ふものなり。

ここで兼実は京都へ戻れることを喜びつつ、それが決定されたことについて、その理由と噂されるものを四つ挙げている。第一に、「関東の謀叛」の事実。第二に山門《さんもん》（延暦寺《えんりゃくじ》）が度々奏状を送り、京都へ戻ることを要求したこと。第三に、高倉上皇の病気が日に日に篤くなったこと。福原で死ぬようなことになれば、後悔しても間に合わないので、早く京都に帰りたい旨、再三院宣《いんぜん》があったという。第四に、清盛自身がその行為を反省し、神明に対するお詫びとして、還都を考えたということ。以上の四説について、兼実は「云々の説の如きは、条々の由緒あるか」と、その根拠あることを認めており、ここで彼ははじめて、福原遷都という出来事を統括的に批判したといえよう（『続古事談』二・二四話では、藤原長方が清盛の面前で福原京を批判し、還都への道を開いたとされている。長方が敢えて直言したのは、清盛自身に後悔の念がきざし始めているのを読みとったからだという）。

ところが、同年十二月十五日条には、

左少弁行隆奉行となり、女院の御庄々、並びに余方の領等、皆悉く武士を召し進《まい》らすべき由、仰せ下さる。天慶の例と云々。これ又人の費《つい》え民の煩ひなり。凡《およ》そ近日行はるる事、一として国家を亡す事にあらざるなし。悲しむべし悲しむべし。

とあり、清盛が源氏追討のため、従来はあり得なかった王室や貴族の所領にも戦力の動員をかけたことがわかる。元木泰雄氏はこれを諸荘園領主の組織化・従属化を通じて、公家・武家一体となった新しい王権確立をめざした清盛の闘いと規定している。確かに貴族たちには平家の戦争に協力する主観的な理由はなかった。しかし、清盛が京都を抑えている以上、動員をかけられることに抵抗する力もなかったのである。この一件はその事実を兼実に直視させたという意味で非常に大きな出来事であった。兼実の筆致からは、従来戦争の傍観者でしかなかった貴族がいきなりその渦中に巻き込まれた事態を、正面から受け止められていない状況が浮かび上がってくるだろう。

南都攻撃

その後、清盛が後白河院に政権返還を願い出るということがあった（同十八日条）。が、これも元木氏のいわゆる公武一体となった政権構築へのステップであろう（他方、十三世紀中葉に橘成季が編纂した説話集『古今著聞集』三・八七話は、同年十一月三十日に高倉院の殿上で群議があり、藤原長方が後白河院と関白の復権を強く主張した結果、「入道もさすが道理をば恥ぢ思はれけるにや」、程なくその通りになったと記している）。

そして同二十二日条には、清盛が奈良を攻撃するという噂が伝わる。

伝へ聞く、来たる二十五日官軍を南都に遣はし、悪徒を捕り搦《から》め、房舎を焼き払ひ、一宗を魔滅すべしと云々。（中略）わが氏滅亡の時に当り、生を受くる条、只宿業を愧《は》づべき者なり。

『平家』のいわゆる「南都炎上」事件がもののはずみではなく、計画的な行為であったこと、その計画を知って兼実が恐怖していたことがわかる。はたして同二十九日条には南都炎上の報が伝えられる。

七大寺已下《いか》、悉く灰燼《かいじん》に変ずる条、世のため民のため仏法王法滅尽し了《おわ》るか。（中略）余この事を聞き、心神屠《ほ》ふるが如し。昔より天性の稟《う》くる所、曾て身命を惜しまず。只遺恨の名を留めざらんと欲す。而《しか》るに去冬以後、これを身に取り生涯の怨みを極む。この時に当り、忽《たちまち》にわが氏の破滅を見る。かれを以てこれに比するに、敢へて喩《たとえ》を為すに足らず。恨み還つて悦びとなすものか。

という記事がある。昨年冬以来の自身のふるまいについて、後世に「遺恨」を残すことになったことを気にしていた彼であったが、今回の「わが氏の破滅」はそれとは較べものにならないほどの凶事として彼が受け止めていることがわかろう。

清盛の人生の総括

最後に、清盛の死去前後の記事を見てみたい。熱病で倒れた清盛が、最後の力を振り絞って後白河院に、死後の政権のことを依頼したこと、後白河院の返事がなかったことなどを記した後、彼の生涯について以下のようなコメントを残している（治承五年閏二月五日条）。

准三宮入道前太政大臣清盛〈法名静海《じょうかい》〉は、累葉武士の家に生まれ、勇名世に被ぶる。平治の乱逆以後、天下の権偏《ひと》へにかの私門にあり。長女は始め妻后に備はり、続いて国母たり。次女両人、ともに執政の家室たり。長嫡重盛《しげもり》、次男宗盛《むねもり》、或は丞相《じょうしょう》に昇り、或は将軍を帯ぶ。次々の子息、昇進心を恣《ほしいまま》にす。凡そ過分の栄幸、古今に冠絶するものか。就中《なかんずく》去々年以降、強大の威勢海内に満ち、苛酷の刑罰、天下に普《あまね》し。遂に衆庶の怨気に天答へ、四方の匈奴《きょうど》変を成す。何《いか》に況んや天台・法相の仏を魔滅するをや。只に仏像堂舎を煙滅するのみにあらず。顕密の正教、悉く灰燼となり、師跡相承の口決《くけつ》抄出、諸宗の深義、秘密の奥旨、併《しか》しながら回禄に遭ふ。かくの如き逆罪、かの唇吻《しんぷん》にあらざるはなし。つらつら修因感果の理《ことわり》を案ずるに、敵軍のためにその身を亡し、首を戈鋒《かほう》に懸けられ、骸《むくろ》を戦場に曝すべきのところ、弓矢刀剣の難を免れ、病席に命を終る。誠に宿運の貴き、人意の測る所にあらざるか。但し神罰冥罰の条、新たに以て知るべし。日月地に堕ちず、爰にして憑《たの》み有るものか。

本来なら戦場で殺されるべきところだが、畳の上で死ぬことができたのは運の強いところだ、という意見である。しかし「就中去々年以降」とあるように、非難すべき行為が治承三年（一一七九）以降のことに集中していることは見逃すべきではあるまい。治承三年以前の兼実は、日宋貿易に対する見方も含め、必ずしもつねに清盛と対立していたわけではなかった。しかし最後の二年間で、両者の対立は修復できない根源的なところに及び、清盛の急死とその後の平家の没落によって、彼は悪の権化《ごんげ》として記憶されることになっていったのである。

兼実と慈円

以上、『玉葉《ぎょくよう》』の清盛評を見てきたが、最後に兼実の弟慈円《じえん》の『愚管《ぐかん》抄《しょう》』における清盛最期の叙述を見ておきたい。『愚管抄』巻五では、清盛の死に対しては「其後《そののち》平相国入道ハ同五年閏二月五日、温病《おんびょう》大事ニテ程ナク薨逝《こうせい》シヌ」とあるだけで、のちに見る『平家』のような誇大な意味づけはなされていない。その後文治元（一一八五）三月の壇《だん》ノ浦《うら》合戦で平家が滅亡し、安徳《あんとく》天皇が入水したことに対しては、

海ニシヅマセ給ヒヌルコトハ、コノ王《きみ》ヲ平相国イノリ出シマイラスル事ハ、安芸ノイツクシマノ明神ノ利生《りしょう》ナリ、コノイツクシマト云フハ龍王ノムスメナリト申ツタヘタリ、コノ御神ノ、心ザシフカキニコタヘテ、我身ノコノ王ト成テムマレタリケルナリ、サテハテニハ海ヘカヘリヌル也トゾ、コノ子細シリタル人ハ申ケル。

と記しており、また、同じ年に起こった元暦の大地震についても、

元暦二年七月九日午時バカリナノメナラヌ大地震アリキ。（中略）事モナノメナラズ龍王動トゾ申シ。平相国龍ニナリテフリタルト世ニハ申キ。（巻五）

と記している。死んだはずの清盛が生き残った人々に記憶され続けているさまがうかがえるが、「平相国龍ニナリテフリタル」という表現は、清盛が単純に怨霊化したことを意味するものではないだろう（龍は中世日本においては国土を守護する存在でもあり、決して怨霊

と同一ではない)。たとえば慈円が建永元年(一二〇六)に建立した『大懺法院起請条々《だいせんぼういんきしょうじょうじょう》之事』(『鎌倉遺文』一六五九)には、「保元」以後の戦乱で亡くなった人々の亡魂を慰めるという意図が記されているが、彼がつねに念頭においているのは崇徳《すとく》院・知足院(祖父の藤原忠実)の怨霊であって清盛のそれではない。慈円にとって、清盛は宮廷での権力闘争で敗れ、そのことでルサンチマンを抱いて死んだ人々とは異なる、やや別格の存在として感受されていたのではないだろうか。

『太平御覧』と清盛の政権構想

たとえば高橋昌明氏は、記紀神話の海幸山幸《うみさちやまさち》の物語(兄の海幸と対立した弟の山幸が竜宮を訪問してその娘と宝物を得、海の力を背景にして兄を圧倒する)をモチーフとする『彦火々出見尊《ひこほほでみのみこと》絵巻』が後白河院の蓮華王院宝蔵に納められていたことを指摘し、この絵巻の制作意図について、兄＝崇徳院、弟＝後白河院、竜王＝清盛、竜王の娘＝建礼門院徳子というアレゴリー(後白河院が清盛の力を得て崇徳院を圧倒したことを顕彰する意図)を含むものと解釈している(高橋氏説では、これにさらに『源氏物語』の朱雀帝＝崇徳院、光源氏＝後白河院、明石入道＝清盛、明石の君＝徳子、というアレゴリーが重なる)。ここでは「竜王」は後白河院の王権を支える不可欠の存在であり、異界性を帯びるが故の微妙なニュアンスを含むとはいえ、決して否定的な存在ではない。また、歌人の西行は、福原に近い和田浜で清盛が主催した千僧供養の際の万燈会について、「夜更くるままに、燈火の消えけるを、各々点しつぎける」美しい情景を「消えぬべき法の光を燈火をかかぐる和田の泊なりけり」と詠んでいる（『山家集』雑・八六二）。西行と清盛の交渉を示す資料はほとんどないが、この歌は西行が清盛を「海」と結びついた人物として、肯定的なイメージで記憶していたことを示しているだろう。

また、清盛の海域アジアにおけるポジションを考える上で示唆的なのが、彼が治承三年（一一七九）、安徳天皇に中国宋代初期に編纂された摺本《すりほん》（木版印刷本）の類書『太平御《たいへいぎょ》覧《らん》』三百巻を献上したという事実である。このことは『山槐《さんかい》記《き》』治承三年十二月十六日条等に見える事柄であるが、『山槐記』の著者中山忠親《なかやまただちか》は清盛の行為を、かつて御堂関白藤原道長《みちなが》が一条天皇に摺本《すりほん》の『文選《もんぜん》』と『白氏文集』を献上したという故実に類比して捉えている。高橋昌明氏が指摘するように、確

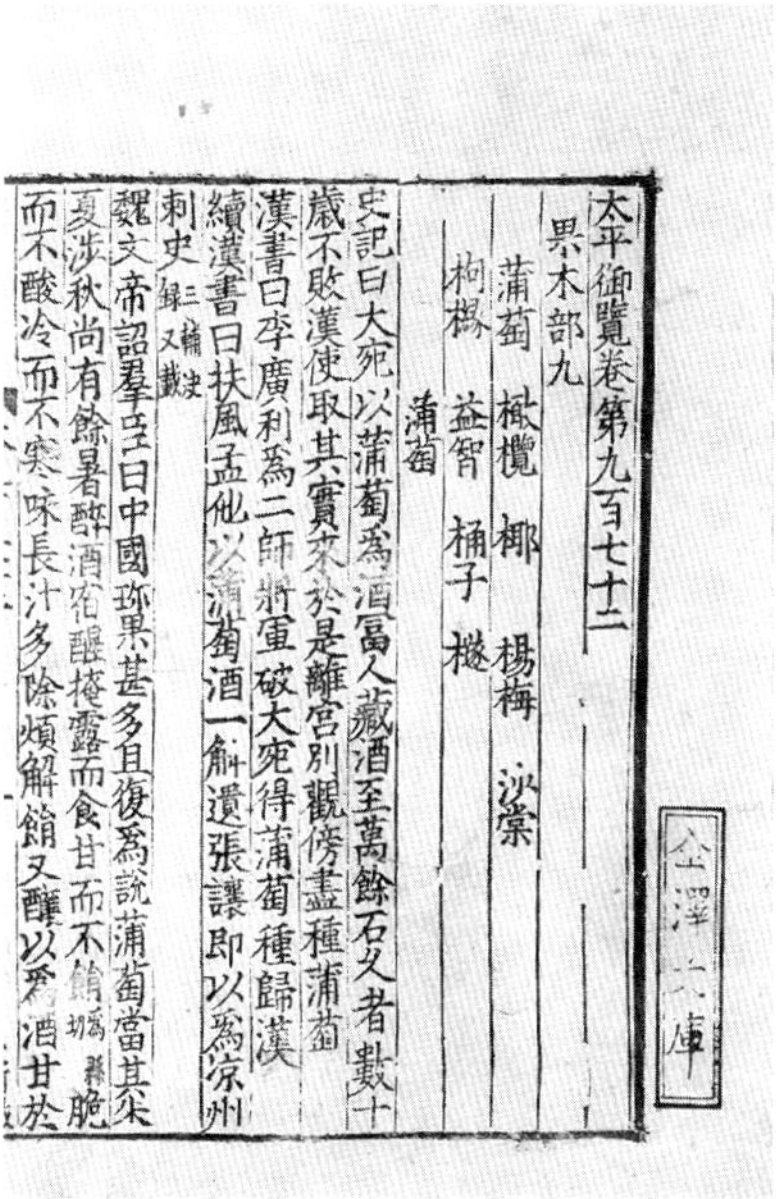
太平御覧巻第九百七十二
果木部九
蒲萄　橄欖　椰　楊梅　沙棠
枸櫞　益智　桶子　機
蒲萄
史記曰大宛以蒲萄為酒富人蔵酒至萬餘石久者數十
歳不敗漢使取其實来於是離宮別観傍盡種蒲萄
漢書曰李廣利為二師将軍破大宛得蒲萄種歸漢
續漢書曰扶風孟佗以蒲萄酒一斛遺張讓即以為涼州
刺史　三輔決録又載
魏文帝詔群臣曰中國珍果甚多且復為説蒲萄當其朱
夏渉秋尚有餘暑酔酒宿酲掩露而食甘而不飴　脆
而不酸冷而不寒味長汁多除煩解餲又醸以為酒甘於

図2　『太平御覧』（宮内庁書陵部所蔵）

かに清盛には藤原道長や、王朝文化を象徴する人物である『源氏物語』の主人公光源氏《ひかるげんじ》を意識した振る舞いをしていた面も見受けられる。

しかし他方、『太平御覧』が『文選』や『白氏文集』のような、すでに日本国内で認知されて久しい伝統的漢詩文集ではなく、十世紀の東アジアの大動乱を経て確立された宋帝国において企図され、世界の森羅万象を「天」「時序」「地」「皇王」以下「香」「薬」「百卉」に至る五五部五四二六類にカテゴライズし、言葉の力により総体的に把握・記述しようとした宇宙的な百科事典（計一千巻）であったことも注意する必要がある。

そのことは、治承四年三月に高倉院が厳島に参詣した際のことを記した『高倉院厳島御幸記』（筆者は源通親）に、清盛が高倉院の乗船として「唐人」が乗っている「唐の船」を差し向けたこと、福原の「所の様、造りたる所々、高麗人の配しけるも理とぞ見ゆる」と記されていること等とも呼応する。清盛は自身のポジションを海域アジアの中の歴史的存在として自覚的に意識しており、藤原道長や光源氏を模倣しつつ、彼らの視界や行動半径の一国的な限界を越え出るところに、自身とその血統を引く新王朝の存在を賭けようとしたのである。ここに彼が転形期の人物——高橋氏の言葉を借りるなら「革命の思想家」——である所以《ゆえん》があるのではないか。

『平家物語』の中の清盛

若き日の清盛

祇園精舎

『平家』は治承・寿永の内乱とその前後の歴史を叙述したものだが、作者および成立時期は明確でない。宮廷社会や寺社における記録類、平氏一門の生き残りや合戦に直接参加した人々の見聞譚等が収集・整理され、一定の政治的理念に基づく歴史展望のもとに整序されつつ、徐々に形成されていったものと思われる（『徒然草』二二六段に紹介されている「信濃前司行長」を召し抱えた天台座主慈円の工房はその有力な場の一つであろう）。現存諸本の中では、十四世紀後半、琵琶法師の明石覚一によって平家語りの定本にとされた覚一本が、近代以後は文学全集等に使用されることを通じて最も人口に膾炙している。より古態を留めるものとしては、寺院縁起や豊富な説話を収載し、覚一本の数倍のヴォリュームを持つ延慶本があるが、これも十三世紀後半をさかのぼらない。

また、江戸時代に『太平記』と並んで歴史書として広く読まれた『源平盛衰記』も、やはり『平家』の後出本の一つである。本書では特に断らないかぎり、覚一本を中心に見ていきたい。

『平家』巻一「祇園精舎《ぎおんしょうじゃ》」は、有名な以下の文言で始まる。

祇園精舎の鐘の声、諸行無常の響あり。娑羅双樹《しゃらそうじゅ》の花の色、盛者必衰《じょうしゃひっすい》のことはりをあらはす。奢《おご》れる人も久しからず、唯春の夜の夢のごとし。たけき者も遂にはほろびぬ、偏《ひとえ》に風の前の塵に同じ。遠く異朝をとぶらへば、秦の趙高《ちょうこう》・漢の王莽《おうもう》・梁《りょう》の周伊・唐の禄山、是等《これら》は皆旧主先皇の政《まつりごと》にも従はず、楽みをきはめ、諫《いさめ》をも思ひいれず、天下の乱れむ事をさとらずして、民間の愁《うれう》る所を知らざッしかば、久しからずして、亡《ぼう》じにし者ども也。近く本朝をうかがふに、（中略）まぢかくは六波羅《ろくはら》の入道前《さきの》太政大臣平朝臣清盛公と申し人のありさま、伝うけ給るこそ、心も詞《ことば》も及ばれね。

兵藤裕己氏はこの冒頭部分について、諸行無常という仏教的で普遍的な哲理が、いつのまにか盛者必衰という、人間世界の世俗的な歴史意識をあらわす言葉にずれていっていること、その「盛者」の前例として「秦の趙高」以下、自らの分《ぶ》を越えて所与の王権を侵害した人物が列挙されていること、そのことを通じて物語の聴き手が王権に対する反逆者の滅亡を必須のことと考える歴史意識を植え込まれる、巧妙な構造になっていることを指摘している（『平家物語』ちくま新書、一九九三年）。そのような反逆者の滅びの事例として、最後に清盛が挙げられているのである。

また、もう一つ特徴的なのは、彼の具体的な行為が記述される以前に、すでに明確に「奢れる」者としての性格づけがなされていることである。読者は早くもここで清盛＝「おごりによって滅んだ人物」という予備知識を要請され、以後の清盛の行為を理解する際、（仮に「悪行」という言葉が使われていなくとも）この定義は重要な参照枠として機能することになる。

その後、清盛の「悪行」と認定された行為は、以下の四種類にまとめることができる。

①巻一「殿下乗合《てんがののりあい》」および巻三「大臣流罪《だいじんるざい》」――王法の一部（藤原摂関家）に対する「悪行」

②巻三「法印問答」「法皇被流《ほうおうながされ》」――王法の一部（院・治天の君）に対する「悪行」

③巻五「都遷《みやこうつり》」――王法に対する「悪行」の最終形態

④巻五「奈良炎上《えんしょう》」――仏法に対する「悪行」

とはいえ、冒頭における性格規定とは離れて、『平家』ではしばらく「清盛以前」「悪行以前」の記述がつづく。まずはその意味を考えてみたい。

「殿上のまじはりを」嫌われし人の子

「祇園精舎」に続く「殿上闇討《てんじょうのやみうち》」では、清盛の父忠盛《ただもり》が得長寿院《とくじょうじゅいん》の成功のゆえに鳥羽《とば》院から昇殿を許されるが、それを快く思わない貴族たちのいやがらせにあう話である。最終的には、忠盛は闇討ちから免れ、却って院の御感《ぎょかん》にあずかるのだが、その過程で以下のような局面がある。

忠盛御前《ごぜん》の召《めし》に舞はれければ、人々拍子をかへて、「伊勢平氏はすがめなりけり」とぞはやされける。此《この》人々はかけまくもかたじけなく、柏原《かしわばら》天皇の御末《おんすえ》とは申ながら、中比《なかごろ》は都のすまゐもうとうとしく、地下《じげ》にのみ振舞なッて、伊勢国に住国ふかかりしかば、其国のうつは物に事よせて、伊勢平氏とぞ申ける。其うへ忠盛目のすがまれたりければ、加様《かよう》にははやされけり。

この話は事実ではなかろうが、伊勢平氏が成り上がり者として、殿上でさまざまな疎外感を味わわされるようなポジションにあったことを伝えている。伊勢平氏の朝廷における立場を象徴的に示すものであり、『平家』の構想を支える重要な説話であったと思われる。また、この説話は巻二「西光被斬《さいこうがきられ》」で、鹿《しし》の谷《たに》の陰謀が露見して捕縛された西光《さいこう》法師が、彼を問責する清盛に対して吐いた以下の言葉と対応している。

御辺《ごへん》は、故刑部卿《ぎょぶきょう》忠盛の子でおはせしかども、十四五までは出仕《しゅっし》もし給はず。故中《なか》御門《みかど》藤中納言家成《かせい》卿の辺《へん》に立ち入給《いりたまい》しをば、京童部《きょうわらべ》は高平太《たかへいだ》とこそ言ひしか。（中略）殿上のまじはりをだにきらわれし人の子で、太政大臣までなりあがッたるや過分なるらむ。

この部分を石母田正《いしもだしょう》氏は「すぐれた対話編」と評価している（『平家物語』岩波新書、一九五七年）が、「殿上のまじはりをだにきらわれし人の子」というレッテルは清盛の一生をついてまわるものであった、という結構は、『平家』の清盛像を読み解く上で非常に重要である。前章「同時代人にとっての清盛」で見たように、彼は十二歳のときに従五位下《じゆごいのげ》に叙せられており、皇胤であることも周知の事実であったとする説が有力である。『平家』自体、後に見るように巻五「祇園女御《ぎおんにようご》」で皇胤説を紹介しているのだが、少なくとも生前の彼に関する叙述の部分では、その主調低音として「殿上のまじはりをだにきらわれし人の子」というレッテルが見え隠れするようになっているのである。この意味で清盛は、貧しい中で身を起こし、常にその劣等感を持ちながら異例の手段で出世を遂げていく近代小説の主人公、たとえばスタンダール『赤と黒』（一八三〇年）のジュリアン・ソレルとも相通じる性格を付与されているといえよう。

熊野・高野・厳島信仰圏

『平家』では清盛の前半生は簡単に触れられるのみだが、その中で目立つのが、熊野《くまの》・高野《こうや》・厳島《いつくしま》などの神仏に関わる記述である。「同時代人にとっての清盛」で触れたように、平治の乱で窮地に追いやられた平家

一行の運命転換点をなしたのは熊野であった。また、『平家』巻一「鱸《すずき》」では、

平家かやうに繁昌せられけるも、熊野権現《ごんげん》の御利生《ごりしょう》とぞ聞えし。其故《そのゆえ》は、古《いにし》へ清盛公、いまだ安芸守《あきのかみ》たりし時、伊勢の海より、船にて熊野に参られけるに、おほきなる鱸の、船に躍り入たりけるを、先達申《もうし》けるは、「是《これ》は権現の御利生なり。いそぎまいるべし」と申ければ、清盛の給ひけるは、「昔周の武王の船にこそ、白魚《はくぎょ》は躍入《おどりいり》たりけるなれ。是吉事なり」とて、さばかり十戒《じっかい》をたもち、精進潔斎《しょうじんけっさい》の道なれども、調味して、家子《いえのこ》・侍共にくはせられけり。其故にや、吉事のみうちつづいて、太政大臣まできはめ給へり。

という記述がある。清盛の異常な出世は熊野権現の霊験《れいげん》によるものだという理解である。

なお、清盛と熊野との関係は彼一代で尽きるものではなく、子孫の中でも、長男の重盛―維盛《これもり》―六代《ろくだい》の系統は熊野との縁が深く描かれている。重盛は巻三「医師問答《いしもんどう》」で、熊野参詣のおり、「本宮証誠殿《ほんぐうしょうじょうでん》の御前にて、夜もすがら敬白《けいひゃく》」を行い、「願くは子孫繁栄たえずして、仕て朝廷にまじはるべくは、入道の悪心を和げて、天下の安全を得しめ給へ。栄耀《えいよう》又一期《いちご》をかぎッて、後混恥《こうこんのはじ》に及ぶべくは、重盛が運命をつづめて、来世の苦輪《くりん》を助け給へ」と祈念し、程なく病で亡くなる。重盛の長男・維盛は平家都落ち後、一門の戦列から離脱し、高野に隠棲していた元家人《けにん》の滝口入道《たきぐちにゅうどう》（斎藤時頼《ときより》）を尋ね、彼を先達《せんだつ》として熊

野を巡礼し、最後は那智《なち》の海に入水《じゆすい》する（巻十「維盛入水《これもりのじゆすい》」）。そして、維盛の忘れ形見である六代は、平家滅亡後、頼朝と縁故の深い高雄《たかお》の文覚上人《もんがくしようにん》に助けられ、出家して熊野に行き、父親が入水した那智の海で一夜を明かす（巻一二「六代被斬《きられ》」）。熊野信仰が平家一門（特にその小松一門）の盛衰に寄りそう形で描かれているのである。

また、熊野と並んで高野・厳島信仰も見え隠れする。巻三「大塔建立《だいとうこんりゆう》」では、清盛の娘・徳子が高倉《たかくら》天皇の中宮《ちゆうぐう》として入内《じゆだい》した後、皇子（のちの安徳天皇）の誕生を願って清盛夫婦が安芸の厳島に毎月参詣したことが記されている。清盛の厳島信仰は『平家納経《へいけのうきよう》』などでも有名であり、巻二「徳大寺厳島詣」では名門貴族の徳大寺実定《とくだいじさねただ》が清盛との関係改善を願って、また巻四「厳島御幸《ごこう》」では高倉天皇が清盛と後白河院の関係改善を願って厳島に参詣している。巻三「大塔建立」では、先の記述に続いて、平家が厳島を信仰するようになった経緯として、鳥羽《とば》院の時代、清盛が安芸守だったころに、安芸国から得る収入によって高野山の大塔を修理したことがきっかけだったこと、修理が完成し、清盛が高野山に参詣したところ、奥院で老僧に出あい、当時荒れ果てていた厳島神社の修理をすれば、「官加階は、肩をならぶる人もあるまじきぞ」という予言をされ、自身の血で描いた曼荼羅《まんだら》を金堂《こんどう》に奉納したこと、その厳島の修理を終わり、通夜参詣した夜、夢に大明神の使者の天童が顕れ、剣をいただいたこと等が紹介されている。最後に大明神の託宣とし

図3　厳島神社

て、「汝知れりや忘れりや、ある聖《ひじり》をもッて言はせし事は。但《ただし》悪行あらば、子孫まではかなふまじきぞ」という言葉が付け加えられており、ここでも清盛の盛衰が高野・厳島の神仏によって見通されていたことがわかる（ただし、何を以て「悪行」と認定するのかという判断基準は示されていない。そこでは王法・仏法相依論に基づく顕密仏教の価値観が前提とされている）。

　熊野や厳島との関係でいえば、もう一つ印象深い説話として、巻二「卒塔婆《そとば》流《ながし》」がある。平家打倒の陰謀を画策したかどで鬼界《きかい》が島に流された平判官康頼《やすより》が、島の中に熊野三所《さんしょ》（本宮・新宮《しんぐう》・那智）の地形に似た場所を見つけ、三所権現を勧請《かんじょう》して祈りを欠かさなかったところ、熊野のナギの葉が吹き寄せられ、見ると故郷への帰還を予言する和歌が虫食いの形で書かれていたという夢を見たこと、そして故郷への言伝《ことづて》として千本の卒塔婆を作り、和歌を書いて海に流したところ、そのうちの一本が厳島神社の前に打ち上げられ、康頼の知人の僧の手から都に運ばれ、ついには清盛の手に渡ったことが記されている。詩作を宛先のない手紙にたとえた「投壜通信」という言葉があるが、康頼の卒塔婆流しはまさに「投壜通信」の奇跡を語ったものであり、その奇跡に熊野と厳島の神仏が深く関わっていることは、『平家』の説話の形成基盤として、両社の存在の大きさを示すものであろう。清盛はここでは康頼を孤独な生活に突き落とした加害者なのだが、「入道も石木《いわき》ならねば、さすが哀《あわれ》げにぞの給ひける」（「卒塔婆流」）、「入道相国《にゅうどうしょうこく》のあはれみたまふへは、京中の上下老たるもわかきも、鬼界が島の流人《るにん》の歌とて、口ずさまぬはなかりけり」（「蘇武」）とあるように、結局のところ彼もまた熊野・厳島の神仏世界に包摂される衆生の一人なのである。そのような宗教的想像力の中に物語編者は清盛の出世の秘密をも読み取ろうとしたのであろう。

さらに、そのような宗教的想像力の一変型として、『源平盛衰記《げんぺいせいすいき》』巻一に若き日の清盛に関する以下のような説話がある。

狐と清盛

或時《あるとき》蓮台野ニシテ、大ナル狐ヲ追出シ、弓手ニ相付テ、既ニ射ントシケルニ、狐忽《たちまち》ニ黄女ニ変ジテ、莞爾《かんじ》ト笑ヒ、立向テ、「ヤヤ、我命ヲ助給ハバ、汝ガ所望ヲ叶へン」ト云ケレバ、清盛矢ヲハヅシ、「イカナル人ニテオハスルゾ」ト問フ。女答云、「我ハ七十四道中ノ王ニテ有ゾ」ト聞ユ。「偖《さて》ハ貴狐天王ニテ御座ニヤ」トテ、馬ヨリ下テ敬屈スレバ、女又本ノ狐ト成テ、コウコウ鳴テ失ヌ。

清盛案ジケルハ、我財宝ニウヘタル事ハ、荒神ノ所為ニゾ、荒神ヲ鎮テ財宝ヲ得ニハ、弁才妙音ニハ不如《しかず》、今ノ貴狐天王ハ、妙音ノ其一也、偖ハ、我陀天《だてん》ノ法ヲ成就スベキ者ニコソトテ、彼法ヲ行ケル程ニ、又返シテ案ジケルハ、実《まこと》ヤ外法成就ノ者ハ、子孫ニ不伝ト云者ヲ、イカガ有ベキト被思《おもわれ》ケルガ、ヨシヨシ、当時ノゴトク、貧者ニテナガラヘンヨリハ、一時ニ富テ名ヲ揚ニハトテ、被行ケレ共、（中略）兼テ清水寺ノ観音ヲ奉憑《たのみたてまつり》、蒙御利生《ごりしょうをこうぶらん》ト、千日詣ヲ被始タリ。（中略）千日既ニ満ジケル夜ハ、通夜シタリ。夜半計《ばかり》ニ、両眼抜テ中ニ廻テ失ヌト夢ヲミル。（中略）夢見テ七日ト申夜ハ、内裏ニ伺候シタリケリ。夜半計ニ及テ、南殿ニ鵺《ぬえ》ノ音シテ、一鳥ヒメキ渡タリ。（中略）音ニ付テ踊懸ル処ニ、此鳥騒テ、左衛門佐ノ左ノ袖ノ内ニ飛入ル。（中略）有公卿僉議、「天下安穏ニ万民愁ヲ休メンニハ、怪異ヲ鎮テ進スルニハ不如。コレ非朝敵鎮《ちょうてきをしずむるにあらず》ヤ。勧賞アルベシ」トテ、安芸守ニナサル。是清水寺ノ夢想ノ験《しるし》也。

清盛に異常な運命を授けたのは、神仏ではなく、狐という外道イメージを帯びた動物であった。ここでは清盛の異常な出世がなにかしら不自然なものであり、さまざまな行き過ぎの結果、最終的に彼の身を滅ぼすことになったという話型が強調されているといえよう。

清盛と少年たち

覚一本ではその後、清盛が仁安三年（一一六八）十一月、病に冒されて出家し、法名を浄海《じょうかい》と名乗ったことが記された後、以下のように清盛に対する負の記述が始まる。

入道相国のはかりことに、十四五六の童部《わらわべ》を、三百人そろへて、髪をかぶろにきりまはし、あかき直垂《ひたたれ》を着せて召しつかはれけるが、京中に満ち満ちて往反しけり。をのづから平家の事あしざまに申者あれば、一人聞き出さぬほどこそありけれ、余党に触廻《ふれまわ》して、其家に乱入し、資材雑具を追捕《ついふく》し、其奴を搦《からめ》とッて、六波羅《ろくはら》へゐて参る。されば目に見、心に知るといへど、詞《ことば》にあらはれて申者なし。六波羅殿の禿と言ひてンしかば、道を過ぐる馬車《むまくるま》もよぎてぞ通りける。禁門を出入すといへども、姓名を尋らるるに及ばず。京師《けいし》の長吏《ちょうり》、これが為に目を側《そばむ》と見えたり。（巻一「禿髪」）

清盛の権力がいかに強大でかつ異様な警察政治であったかを語る部分である。しかし、高橋昌明氏が指摘するように、出家後の清盛は大部分の期間福原で隠棲しており、六波羅にはほとんど滞在していなかった。六波羅にいたのは清盛以外の平家一門であり、六波羅様とは彼の一門の人々の振る舞いをさしてのことであろう。

また、この部分の語り口には、語り手の禿髪に対する畏怖の感情を読み取ることができる。独裁政権が孤児を集団的に親衛隊に使う話はナチの親衛隊を想起させる。「京師の長吏、これが為に目を側と見えたり」とあるように、彼らは平安京の警察である検非違使庁の「庁吏」とは独立の存在（検非違使の庁吏でさえ彼らの振る舞いに見て見ぬふりをせざるを得ないような存在）として描かれている。とはいえ、平氏の全盛時代に、清盛の義弟の時《とき》忠《ただ》が三度も検非違使別当《べっとう》になっていることは注目してよい。清盛が不在の京において警察的権力をもっとも行使していたのは時忠である。この話はむしろ、時忠が警察権力を握っていた時代の異様な雰囲気を説話化したものではないだろうか。

その後、覚一本では「祇王《ぎおう》」の章段があるが、これは本筋とは一応切り離された傍系の説話である。清盛のイメージを決定する上ではとても重要な役割を果たしているのだが、そのことも含め、「俊寛《しゅんかん》」と共に後で改めて扱うことにしたい。

清盛の「悪行」

「殿下乗合」　覚一本『平家』ではその後、いよいよ四つの悪行が語られることになる。第一は、「殿下乗合《てんがののりあい》」事件である。嘉応二年（一一七〇）、清盛の孫で重盛《しげもり》の息子である資盛《すけもり》の乗った車が関白藤原基房《ふじわらのもとふさ》の車と路上で遭遇し、基房の下人が資盛の車に乱暴を加えたという事件がおきる。清盛は激怒し、復讐を企てる。

其後入道相国、小松殿には仰せられもあはせず、片田舎の侍どもの、こはらかにて、入道殿の仰《おおせ》より外は、又おそろしき事なしと思ふ者ども、難波《なんば》・瀬尾《せのお》をはじめとして、都合六十余人召よせ、「来《きたる》廿一日、主上御元服《げんぷく》の御さだめの為に、殿下御出《ぎょしゅつ》あるべかむなり。いづくにても待うけ奉り、前駈《せんぐ》・御随身《みずいじん》どもがもとどりきって、資盛が恥すすげ」とぞのたまひける。（中略）

猪熊《いのくま》堀河の辺《へん》に、六波羅の兵《つわもの》どもひた甲《かぶと》三百余騎待うけ奉り、殿下を中にとり籠《こめ》まいらせて、前後より一度に時をどっとぞつくりける。前駈・御随身どもが、けふをはれと装束いたるを、あそこに追かけ、爰《ここ》に追つめ、馬よりとって引落し、散々に陵《りよう》礫《りやく》して、一々にもとどりをきる。（中略）かく散々にしちらして、悦《よろこび》の時をつくり、六波羅へこそ参りけれ。入道、「神妙なり」とぞのたまひける。（中略）摂政・関白のかかる御目にあはせ給ふ事、いまだ承《うけたまわり》及ばず。これこそ平家の悪行《あくぎょう》のはじめなれ。
（巻一「殿下乗合」）

このように、『平家』では、清盛が重盛に相談することもなく、清盛の命令以外は眼中にない片田舎の武者に命じて、基房を待ち伏せさせ、さんざんに暴行をふるわせたことになっている。『愚管抄《ぐかんしよう》』にあるように、実際に復讐を指示したのは清盛ではなく重盛だったことは間違いない。それではなぜ物語はこのように清盛の行為として念入りに描いたのであろうか。おそらく美濃部重克氏が論じられたように（『中世伝承文学の諸相』和泉書院、一九八八年）、物語編纂者に、王権のみならず摂籙《せつろく》権に対する侵害者としての清盛を強調する意図があったのであろう。物語が「摂政関白」の地位を犯すことを「悪行」と捉えていることは、治承三年（一一七九）の清盛のクーデターによって流罪になった太政大臣師《もろ》長《なが》が熱田《あつた》明神の霊験《れいげん》にあい、「平家の悪行なかりせば、今此瑞相《ずいそう》をいかでか拝むべき」（巻三「大臣流罪」）と述懐することからも読み取ることができる。

藤原北家《ほっけ》出身の「摂政・関白」が天皇を補佐して政治を行う形を日本国のあるべき姿とする点では、この物語の姿勢は慈円《じえん》の『愚管抄』とも一致する。しかし、さきに見たように、『愚管抄』はこの一件に関しては清盛の関与を明確に否定しているのである。また、『愚管抄』の記述には清盛に対して肯定的なものも少なくない。そのことを考え合わせると、「殿下乗合」の記述は、政治理念としては摂関家よりのものではあるが、慈円や九条兼実《かねざね》自身の時代とはかなり隔たった後年の環境の中で形成されたものであろうと思われる。

治承三年、清盛と静憲

第二の悪行である治承三年（一一七九）のクーデターと後白河院の幽閉（巻三「法皇被流」）については、それに先立って清盛自身と後白河院の使者、静憲《じようけん》法印の対話が記されている。「入道相国、朝家を恨み奉るべき事必定と聞えしかば、法皇大におどろかせ給て、故少納言入道信西の子息静憲法印を御使にて、入道相国のもとへつかはさる」（巻三「法印問答」）。その静憲に対して、清盛は自らの思いを切々と訴える。

「やや法印御房、浄海《じようかい》が申《もうす》処《ところ》は僻事《ひがこと》か。まづ内府《だいふ》が身まかり候ぬる事、当家の運命をはかるにも、入道随分悲涙をおさへてこそ罷過《まかりすぎ》候へ。御辺《ごへん》の心にも推察し給へ。保元《ほうげん》以後は、乱逆打つづいて、君やすい御心もわたらせ給はざりしに、入道はただ大方を取おこなふばかりでこそ候へ、内府こそ手をおろし身を摧《くだき》て、度々の逆鱗《げきりん》をばやすめまいらせて候へ。（中略）され共《ども》内府が中陰に、八幡の御幸《ごこう》あッて御遊《ぎよゆう》ありき。御歎の色《いろ》一事も是を見ず。たとひ入道がかなしみを御あはれみなく共、などか内府が忠をおぼしめし忘れさせ給ふべき。たとひ内府が忠をおぼしめし忘れさせ給共、いかでか入道が歎を御あはれみなからむ。父子共に叡慮に背候ぬる事、今にをいて面目を失ふ、是一《これひとつ》。（中略）次に新大納言成親卿以下、鹿谷によりあひて、謀反の企《くわだて》候し事、まッたく私の計略にあらず。併《しかしながら》君御許容あるによッて也。事新き申事にて候へ共、七代までは此一門をばいかでか捨させ給ふべき。それに入道七旬に及て、余命いくばくならぬ一期の内にだにも、ややもすれば亡すべき由、御ぱからひあり。申候はんや、子孫あひついで朝家に召しつかはれん事有がたし。凡《およそ》老て子を失《うしなう》は、枯木の枝なきにことならず。今は程なき浮世に、心を費しても何かはせんなれば、いかでも有なんとこそ思ひなって候へ」とて、且は腹立し、且は落涙し給へば、法印おそろしうも又哀にも覚えて、汗水になり給ひぬ。（巻三「法印問答」）

しかし、法印も負けてはおらず、「ちっともさはがず」以下のように返答する。

「誠に度々の御奉公浅からず。一旦恨み申させまします旨、其謂《いわれ》候。但官位といひ俸禄といひ、御身にとッては悉《ことごと》く満足す。しかれば功の莫大なるを、君御感《ぎよかん》あるでこそ候へ。しかるを近臣事をみだり、君御許容ありといふ事は、謀臣《ぼうしん》の凶害にてぞ候らん。耳を信じて目を疑ふは俗の常のへい也。少人《しょうじん》の浮言を重うして、朝恩の他にことなるに、君を背きまいらッさせ給はん事、冥顕《みょうけん》につけて其恐《そのおそれ》すくなからず候。凡《およそ》天心は蒼々《そうそう》としてはかりがたし。叡慮定めて其儀でぞ候らん。下《しも》として上《かみ》にさかふる事、豈人臣《あにじんしん》の礼たらんや。」（同）

清盛が「やや法印御房、浄海が申処は僻事か」に始まる主張で後白河院の非を列挙したのに対し、静憲は清盛の「恨み」を「其謂候」と認めざるを得ず、「下として上にさかふる事、豈人臣の礼たらんや」という論理で防戦するしかない。また、その後「法印御所へ参ッて、此由《このよし》奏聞せられければ、法皇も道理至極して仰下《おおせくだ》さるる方《かた》もなし」（「大臣流罪」）とあるように、清盛の主張に道理があることは物語自体が認めている。静憲はその後幽閉された後白河院を訪ねて、「君の御代」の回復と「凶徒」の滅亡を保障するのだが、それは天照大神以下の神仏の加護《かご》への信仰以外に根拠があるわけではなく、清盛の個々の論点に対する反論になっていない。物語は両者を正面から対峙させることは避け、清盛の論理を王法仏法《おうほうぶっぽう》の論理（王法と仏法が互いに支え合う形で日本国を成り立たしめている、というのが、特に顕密仏教側からする政治理念であった）が囲い込む形で、曖昧に後者を優位に立たせているのである。

第三に、いわゆる福原遷都《ふくはらせんと》について。物語は以下のように記している。

「都　遷」

治承四年六月三日、福原へ行幸あるべしとて、京中ひしめきあへり。此日《このひ》ごろ都うつりあるべしと聞えしかども、忽《たちまち》に今明の程とは思はざりつるに、こはいかにとて、上下さはぎあへり。（中略）凡《およそ》平家の悪行にをひては悉《ことごと》くきはまりぬ。「去《さんぬ》る安元よりこのかた、おほくの卿相雲客《けいしょううんかく》、或は流し或はうしなひ、関白流し奉り、わが婿《むこ》を関白になし、法皇を城南の離宮にうつし奉り、第二の皇子高倉の宮を討ちたてまつり、いま残るところの都うつりなれば、かやうにし給ふにや」とぞ人申ける。（中略）一天の君、万乗のあるじだにもうつしえ給はぬ都を、入道相国人臣《じんしん》の身として、うつされけるぞおそろしき。（中略）

旧都はあはれめでたかりつる都ぞかし。王城守護の鎮守は四方《よも》に光をやはらげ、霊《れい》験《げん》殊勝の寺々は、上下に甍《いらか》を並べ給ひ、百姓万民わづらひなく、五畿七道もたよりあり。されども今は辻々をみな掘《ほり》きって、車なンどのたやすうゆきかふ事もなし。たまさかにゆく人も、小車に乗り、路をへてこそ通りけれ。軒を争ひし人のすまひ、日をへつつあれゆく。家々は賀茂河・桂河にこぼちいれ、筏《いかだ》にくみうかべ、資材雑具舟に積み、福原へとてはこび下す。ただなりに花の都、ゐ中になるこそかなしけれ。

（巻五「都遷」）

「凡平家の悪行にをひては悉くきはまりぬ」と、平家（清盛）が「悪行」を積み重ね、ついに最終段階に至ったことが指摘される。その後、遷都が「悪行」である理由としてⒶ平安京が平家の先祖である桓武《かんむ》天皇が作った都であること（「先祖の御門《みかど》のさしも執しおぼしめされたる都を、させるゆへなく他国・他所へうつさるるこそあさましけれ」）、またⒷ天皇でさえ不可能なことを臣下の身で行うことは過分であるということ（「一天の君、万乗のあるじだにもうつしえ給はぬ都を、入道相国人臣の身として、うつされけるぞおそろしき」）が指摘される。いずれも、王法に対する「悪行」であるという意味で、③「都遷」は、①「殿下乗合」②「法皇被流」と共通しているといえよう。

他方、福原遷都を清盛が実行した理由については、「都遷《みやこうつり》」の段階では触れられておらず（「させるゆへなく他国・他所へうつさるるこそあさましけれ」）、はるか後の「都帰《みやこがえり》」で、還都が決定して貴族たちが我先に京に戻って行ったことが報告された後、ようやく、

今度の都うつりの本意をいかにと言ふに、旧都は南都・北嶺ちかくして、いささかの事にも、春日の神木《しんぼく》、日吉の神輿《しんよ》なンど言ひて、みだりがはし。福原は山へだたり江重なッて程もさすがとをければ、さ様《よう》のことたやすからじとて、入道相国のはからひ出《いだ》されたりけるとかや。（巻五「都帰」）

と記されている。これは前述の「都遷」における「旧都はあはれめでたかりつる都ぞか

し」以下の王城讃美の記述と好対照をなしており、後者が美しい理念に過ぎなくなっている現実をあらわす記述として読むこともできる。が、ここでも二つの論理が正面から対峙することはない。

感情教育としての『平家物語』

また、両者の間には遷都の慌ただしさ、「ふるき都」を追懐する貴族の情趣あふれる挿話「月見」と、福原の清盛のもとに物怪が出現し、その不穏な未来を示唆する記述「物怪之沙汰《もつけのさた》」がある。『源氏物語』の宇治十帖を下敷きにした「月見」は、滅びゆく王朝文化への挽歌をかなで、読み手にもそのような感情を理解し、共有するよう、暗黙の要請を行っている。他方、「物怪之沙汰」は、

福原へ都をうつされて後、平家の人々夢見もあしう、常は心さはぎのみして、変化《へんげ》の物どもおほかりけり。(中略) 又あるあした、入道相国帳台より出でて、つま戸をおしひらき、坪のうちを見給へば、死人のしやれかうべどもが、いくらといふかずも知らず、庭にみちみちて、(中略) つぼのうちにはばかるほどになッて、たかさは十四五丈もあるらんとおぼゆる山のごとくになりにけり。かの一つの大がしらに、生きたる人のまなこの様に、大《だい》のまなこどもが、千万出で来て、入道相国をちやうどにらまへて、まだたきもせず。入道すこしもさはがずはたとにらまへて、しばらく立たれた

り。かの大《おお》がしら余につよくにらまれたてまつり、霜露なンどの日にあたッて消ゆるやうに、跡かたもなくなりにけり。（巻五「物怪之沙汰」）

という内容であり、清盛の剛毅さもさることながら、それでも抑えようのない不満や怨念が福原遷都をめぐってうずまいていることを予想させる（物の怪の正体として、特定の個人が想定されていないところに、この転形期の嵐の犠牲になった人々の集合的な意思を主張している）。

その後、還都が決定してのちの状況については、以下のような記述がある。

今度の都遷《みやこうつり》をば、君も臣も御なげきあり。山・奈良をはじめて、諸寺・諸社にいたるまで、しかるべからざるよし、一同にうッたへ申《もう》すあひだ、さしもよこ紙をやらるる太政入道も、さらば都帰りあるべしとて、京中ひしめきあへり。（中略）新院いつとなく御悩《ごのう》のみしげかりければ、急ぎ福原を出でさせ給ふ。摂政殿《せっしょうどの》をはじめたてまッて、太政大臣以下《いげ》の公卿・殿上人、われもわれもと供奉《ぐぶ》せらる。入道相国をはじめとして、平家一門の公卿・殿上人、われさきにとぞのぼられける。誰か心憂かりつる新都に片ときも残るべき。（巻五「都帰」）

最後の「誰か心憂かりつる新都に片ときも残るべき」が、読者の感情を決定的に「旧都」の方に傾けさせている。これこそ王朝中心主義の感情教育というべきものであろう。

『平家』のナラティヴは現実の京をめぐる認識を言説の周縁部におしこめることで、「旧都はあはれめでたかりつる都ぞかし」という理念を守る道を選んだのである。

「奈良炎上」と時子の夢

　そして第四の悪行が「奈良炎上」である。治承四年（一一八〇）六月の以《もち》仁王《ひとおう》の挙兵の際、王に味方し、その後も清盛に対する挑発をやめない興福寺に対して、清盛は五男・重衡《しげひら》を発向させ、奈良を焼き討ちする。

> 夜いくさになッて、くらさはくらし、大将軍頭《とうの》中将、般若寺《はんにゃじ》の門の前にうッ立って、「火を出《いだ》せ」との給ふ程こそありけれ、平家の勢のなかに、播磨《はりま》国住人、福井庄下司、二郎大夫友方といふもの、たてをわり、たい松にして、在家に火をぞかけたりける。十二月廿八日の夜なりければ、風ははげしし、ほもとは一つなりけれども、吹《ふき》まよふ風に、おほくの伽藍《がらん》に吹かけたり。（中略）
>
> 　廿九日、頭中将、南都ほろぼして北京へ帰りいらる。入道相国ばかりぞいきどをりはれて、よろこばれけれ。中宮・一院・上皇・摂政殿以下の人々は、「悪僧をこそほろぼすとも、伽藍を破滅すべしや」とぞ御歎ありける。（中略）聖武皇帝、宸筆《しんぴつ》の御記文には、「我寺《わがてら》興福せば天下も興福し、吾《わが》寺衰微せば天下《てんが》も衰微すべし」とあそばされたり。されば天下の衰微せん事も疑《うたがい》なしとぞ見えたりける。あさましかりつる年も暮れ、治承も五年になりにけり。（巻五「奈良炎上」）

ここでも「入道相国ばかりぞいきどをりはれて、よろこばれけれ」と、焼き討ちは清盛の確信犯的な指令であったことが記されている（他方、延慶本〈第二末「南都ヲ焼払事付左少弁行隆事」〉では「両大伽藍ノ焼ヌル事ヲバ、心中ニハ浅猿ゾ被思ケル」という但し書きがついている）。この事件はこれまで見てきた前三者の王法に対する悪行というよりは、その王法を補佐し、相互依存すべき仏法（または当時支配的であった顕密仏教体制）に対する悪行ということになろう。そしてその応報は数ヵ月後の治承五年閏二月、清盛の熱病という形でやってくる。

廿八日より、重病をうけ給へりとて、京中・六波羅、「すは、しつる事を」とぞささやきける。入道相国、やまひつき給ひし日よりして、水をだにのどへも入《いれ》給はず、身の内のあつき事、火をたくが如し。（中略）

入道相国の北の方二位殿の夢に見給ひける事こそおそろしけれ。猛火のおびただしくもえたる車を、門の内へやり入《いれ》たり。前後に立《たち》たるものは、或は馬の面《おもて》のやうなるものもあり、或は牛の面のやうなるものもあり。車のまへには、「無《む》」といふ文字ばかりぞ見えたる鉄《くろがね》の札をぞ立《たて》たりける。二位殿夢の心に、「あれはいづくよりぞ」と御たづねあれば、「閻魔《えんま》の庁より、平家太政入道殿の御迎《おんむかい》に参ッて候」と申《もうす》。「さて其札は何といふ札ぞ」ととはせ給へば、「南閻浮提《なんえんぶだい》金銅十六丈の盧遮那仏《るしゃなぶつ》焼ほろぼしたまへる罪によッて、無間《むけん》の底に堕《おち》給ふべきよし、閻魔の庁に御定め候が、無間の「無」をばかかれて、「間」の字をばいまだかかれぬ也」とぞ申ける。二位殿うちおどろき、あせ水になり、是《これ》を人々にかたり給へば、聞く人みな身の毛よ立けり。（巻六「入道死去」）

図4　東大寺大仏

時子《ときこ》の夢は妙なリアリティと迫真性を備えている。唱導文学の枠組みではよく多用された話型ではあろうが、仏法の敵＝清盛が熱病（マラリアであろうといわれている）と符合したことが、この話の強度をより増幅しているといえよう。

清盛の遺言

清盛の遺言については以下のように記述されている。

「われ保元《ほうげん》・平治《へいじ》よりこのかた、度々《どど》の朝敵をたいらげ、勧賞《けんじよう》身にあまり、かたじけなくも帝祖・太政大臣にいたり、栄花《えいが》子孫に及ぶ。今生《こんじよう》の望《のぞみ》一事ものこる処なし。ただし思ひをく事とては、伊豆国の流人《るにん》、前兵衛佐《さきのひようえのすけ》頼朝が頸《くび》を見ざりつるこそやすからね。われいかにもなりなん後は、堂塔をも立て、孝養をもすべからず。やがて打手をつかはし、頼朝が首をはねて、わがはかのまへに懸くべし。それぞ孝養にてあらんずる」とのたまひけるこそ罪ふかけれ。（巻六「入道死去」）

この遺言がその通りだったかどうかについては議論があり、またこの遺言の姿勢についても、そこから中世的人間を読み取る論などがある。しかし基本的に、仏法に背いた「悪人の最期」を表象したものであることは争えない。

物語には、彼の死の直後にいくつかの怪異事件が起きたことを記している。延慶《えんぎよう》本（第二本「入道卿相雲客四十余人解官事」）では清盛の行為の解釈として、保元の乱で敗れ、怨霊《おんりよう》化した崇徳《すとく》院が後白河院にとりつこうとして失敗し、代りに清盛に憑依《ひようい》したという説が紹介されている。これも清盛の行為が「悪行」であることを前提とする論理であるといえよう。

清盛の死後の評価――王法・仏法と海港の論理

「慈心房」

覚一本《かくいち》における清盛の「悪行《あくぎょう》」言説について見てきたが、周知のように、物語は清盛に関する一連の記述を終えるにあたり、彼を救いがたい「悪人」として突き放したわけではない。巻六「入道死去」に続いて、覚一本は「築島《つきしま》」「慈《じ》心房《しんぼう》」「祇園女御《ぎおんにょうご》」と連続して三つの挿話を記載している。重要人物の死亡記事の後にその人物の生前の挿話を列挙するのは、『平家』諸本全体に見られる傾向だが、この三つの挿話はそれ以上に、当時の人々の、亀裂の入った世界観の修復に関わる重要な機能を担っているように思われる。

まず、高僧の再誕説について。「ふるひ人の申されけるは、清盛公は悪人とこそ思へども、まことは慈恵僧正《じえそうじょう》の再誕なり」という文章で始まるこの説話は、摂津国清澄寺《せいちょうじ》の住僧・慈心房尊恵《そんえ》が、承安二年（一一七二）十二月二十二日の夜、夢の中で閻魔《えんま》王宮の使者の訪問を受け、十万部の法華経《ほけきょう》転読を行うための持経者として閻魔王宮に招聘《しょうへい》された際の見聞譚《たん》という形をとっている。尊恵が「日本の平大相国《へいたいしょうこく》と申《もうす》人、摂津国和多の御崎を点じて、四面十余町に屋をつくり、けふの十万僧会《ぞうえ》のごとく、持経者《じきょうじゃ》をおほく崛請《くっしょう》して、坊ごとに一面に座につき、説法読経丁寧に勤行《ごんぎょう》をいたされ候」と紹介すると、閻王は「随喜感嘆」して「件《くだん》の入道はただ人にあらず、慈恵僧正の化身《けしん》なり。天台の仏法護持のために、日本に再誕す。かるがゆへに、われ毎日に三度彼人《かのひと》を礼する文《もん》あり。すなはち此《この》文を持ッて彼人にたてまつるべし」といい、「敬礼《きょうらい》慈恵大僧正　天台仏法擁護者　示現《じげん》最初将軍身　悪業《あくごう》衆生同利益」という文を賜る。尊恵がこれを持って西八条へ参り、清盛に献上したことから、「さてこそ清盛公をば慈恵僧正の再誕也と、人知りてンげれ」というわけである（巻六「慈心房」）。

以上のように、覚一本では清盛を「悪人」とする規定と、慈恵僧正（良源）の再誕であったとする説明が並列的に投げ出されている。他方、延慶本（第三本「大政入道慈恵僧正ノ再誕ノ事」）は、清盛を慈恵僧正の化身であったとしつつ、この世に仮に悪人として顕《あらわ》れ、罰を受けることによって逆説的に仏法のすばらしさを証明したものとする。牧野和夫氏はこの説話が本来、清盛の生前勧進《かんじん》目的で成立した『冥途蘇生記《めいどそせいき》』をもととしており、そこでは清盛悪人説は存在せず、『平家』に取り入れられる段階で改変されたものと論じておられる（『延慶本『平家物語』の説話と学問』思文閣出版、二〇〇五年）。この延慶本の解釈では、清盛の「悪行」は天台本覚論の予定調和的な体系の中ですべて説明がつくことになる。しかし、それは同時に清盛の行為を「悪行」と定義する側の思考の枠組み自体を問い直す契機を奪う効果を持っているのではないだろうか（この点、さきに見た熊野・高野・厳島信仰に基づく説話群も基本的に同じ枠組みに入るといわざるをえない）。

「祇園女御」

次に、貴種流離譚《きしゅりゅうりたん》について。これは清盛が本当は平忠盛《ただもり》の子ではなく、白河法皇の落胤《らくいん》であったとする説であり、清盛の母祇園女御と白河院の関係を語る説話が紹介されている。

> 去る永久の比《ころ》ほひ、祇園女御と聞えしさいはひ人《じん》おはしける。件《くだん》の女房のすまひ所は、東山の麓祇園のほとりにてぞありける。白河院常は御幸《ごこう》なりけり。ある時、殿上人一両人、北面少々召し具して、しのびの御幸有しに、（中略）件の女房の宿所ちかく御堂《みどう》あり。御堂のかたはらにひかりもの出て来たり。（中略）君も臣も、「あなおそろし、是《これ》はまことの鬼とおぼゆる。手に持てる物は、聞ゆるうちでのこづちなるべし。いかがせん」とさはがせおはしますところに、忠盛其比《そのころ》はいまだ北面の下臈《げろう》で供奉《ぐぶ》したりけるを召して、「此中《このうち》にはなんぢぞあるらん。あのもの射もころし、きりもとど

図５　祇園社（八坂神社）拝殿

めなんや」と仰《おおせ》ければ、忠盛かしこまり承はッてゆき向ふ。内々思ひけるは、「此《この》もの、さしもたけき物とは見ず。（中略）是を射もころし、きりもころしたらんは、無《む》下《げ》に念なかるべし。いけどりにせん」と思ッてあゆみよる。（中略）変化《へんげ》のものにてはなかりけり。はや人にてぞありける。其《その》時上下、手々《てんで》に火をともひて是を御らんじ見給《みたまう》に、六十ばかりの法師也。（中略）「これを射もころし、きりもころしたらんは、いかに念なからん。忠盛がふるまひやうこそ思慮ふかけれ。弓矢とる身はやさしかり」とて、その勧賞に、さしも御最愛と聞えし祇園女御を、忠盛にこそたうだりけれ。（巻六「祇園女御」）

そしてこの説話は、「末代にも平大相国まことに白河院の御子にておはしければにや、さばかりの天下の大事、都うつりなンどいふ、たやすからぬ事ども思ひたたれけるにこそ」という評語で結ばれている。ここでは王法に対する「悪行」の最終形態であるはずの③（「都遷」）が、清盛が皇胤であるという理由で合理化されている（当然、

①②も合理化できるであろう)。
樋口州男《くにお》氏は祇園女御という名称の背景に祇園社に隷属する非農業民の存在を想定され、民間伝承のいわゆる長者致富伝説との共通性、さらに『平家』増補の過程における祇園社近辺の非農業民の参加を想定された(『中世の史実と伝承』東京堂出版、一九九一年)。確かに前に引用した『源平盛衰記《げんぺいせいすいき》』のように清盛の出世を予言する説話にも長者伝説と類似する点もあり、当説話をその観点から解釈するのは、魅力的な読みといえよう。とはいえ、覚一本も含めて『平家』諸本における当説話(特に後半部)は、基本的に祇園女御の側からではなく、白河院を中心とする宮廷側の視点から語られている。従って、非農業民の参加とそれによる伝承の変容があったとしても、それは説話の構造自体を変形させるには至っていないのではないだろうか。清盛皇胤説は一種の貴種流離譚であり、下層民・貴族層双方に支持されたかもしれない。しかし、遷都という反王法的行為ですら、王法的な想像力の枠内で納得しようとするこの評語は、王法に回収されない存在に対する読み手の想像力を鈍麻させる効果を持っているのではないだろうか。

「慈心房」説話と「祇園女御」説話は、各々の論理により、王法仏法に対する清盛の未曾有《みぞう》の「悪行」を説明づけ、既存の枠組みの内部で理解可能な人物に変形する役割を果たしたといえよう。危機の時代の歴史叙述として、『平家』は清盛の「悪行」の由来について、それなりに筋の通った説明を行い、亀裂の入った世界観を救済する必要があったのである。

「築　島」

それでは、一番目の「築島」説話はどうか。章の前半では清盛の死が天狗《てんぐ》の仕業であることが示唆されているが、ここで問題にしたいのは後半の以下の部分である。

凡《およそ》は最後の所労のありさまこそうたてけれ共《ども》、まことはただ人ともおぼえぬ事どもおほかりけり。（中略）又何事よりも、福原の経《きよう》の島ついて、今の世にいたるまで、上下往来の船のわづらひなきこそ目出けれ。彼《かの》島は、去《さんぬ》る応保元年二月上旬に築《つき》はじめられたりけるが、同《おなじ》年の八月に、にはかに大風吹《ふき》、大なみたッて、みなゆり失ひてき。又同三年三月下旬に、阿波民部重能《あわのみんぶしげよし》を奉行にてつかせられたりけるが、人柱《ひとばしら》たてらるべしなンど公卿僉議《せんぎ》有しか共、「それは罪業《ざいごう》なり」とて、石の面《おもて》に一切経《いつさいきよう》をかひてつかれたりけるゆへにこそ、経の島とは名づけたれ。

ここでは清盛が経の島を築港して、海上交通の便を計ったこと、及び人柱を立てる計画を止めさせ、代わりに一切経を書いた石を埋めたこと、の二点が肯定的に記されている。

一方、延慶本の当該部分には以下のようにある。

サテモ太政入道ノ多ノ大善ヲ修セラレシ中ニモ、福原ノ経嶋ツカレタリシ事コソ、人ノシ態トハオボヘズ、不思議ナレ。「彼海ハ泊ノナクテ、風ト波ト立相テ、通ル船ノタウレ、乗人ノシヌル事、昔ヨリタヘズ。怖キ渡ナリ」ト申ケレバ、入道聞給テ、阿波民部成良ニ仰テ、謀ヲ廻テ、人ヲ勧テ、去ジ承安三年癸巳才ツキハジメタリシヲ、次年風ニ打失レテ、石ノ面ニ一切経ヲ書テ、船ニ入テ、イクラト云事モナク沈メラレニケリ。サテコソ此嶋ヲバ経嶋トハ名付ラレケレ。「石ハ世ニ多キ物ナリ。船ハ人ノ財也。サノミ船ヲ積沈ラレムコト、国家ノ費也。又サノミ経ヲ書マヒラセム事、筆ヲ取類希也。只往反ノ船ニ仰テ、十ノ石ヲ取持、彼所ニ入ベシ。末代マデモ此義ヲ背ベカラズト、宣旨ヲ可被申下」ト、成良以下計申ケレバ、「誠ニサモ有ナム」トテ、其定ニ被定ケリ。ハタヨリヲキヘ一里卅六町出テゾ築留タリケル。海ノ深サ卅尋有ケルトカヤ。海ノ深際無事也。是ハ何ク程ナラズトテ、突出シタリケル漂船ノ流タル物ナドヲ、風ノ吹重ケレバ、程ナク広ク成ニケリ。同ハ陸ヘツヅケタラバ吉カリナムトゾ、漸ク突ツヅケケル。催シナケレドモ、心有人ハ土ヲ運ビ木ヲ殖ケレバ、サマザマノ草木生ツヅキタリ。又彼ノ宣旨ニ任テ、西国ノ上下ノ船ゴトニ石ヲ入テヲク。サマザマノ力ヲソヘテ、次第ニ広ナル。公私ノ為ニ旁便アリ。目ニミスミス船共泊ル小家ナムドモ出来、日月星宿ノ光明々トシテ、蒼海ノ眺望眇々タリ。（中略）遊女二三人来テ、「漕行船ノ跡ノ白波」ト歌フ。或屋形内デ、「舟中波ノ上、一生之歓会雖同、和琴緩ク調テ臨潭月、唐櫓高ク推シテ入水煙」ナド朗詠ヲス。（中略）国司以下ハ中持ノ底ヲ払ヒ、商人下臈ハモトトデヲタヲス。（中略）唐ノ大王マデモ聞給テ、日本輪田平親王ト号シテ、帝王ヘダニモ献給ヌ希代ノ宝物共ヲ被渡ケルトカヤ。（第三本「大政入道経嶋突給事」）

ここに記述されているのは、平安京のような「王城」とは異なる、ひとつの海港が生まれる過程である。

ここでは「慈心房」説話で言及される大法会のような仏法の力は重要ではない（一切経の功徳も格下げされている）。また、宣旨《せんじ》は重要な役割を果たしているが、これは阿波民部以下の進言を清盛が受け入れ、朝廷に働きかけることで得たものである。延慶本の当説話においては築港の主導性は朝廷にはなく、清盛にさえない。それは海の交通の担い手たち（阿波民部成良以下の進言者たちと、航行する「心有人《こころあるひと》」）の集団意思にあったのであり、清盛の「大善」は彼らの進言を柔軟に受け入れ、自身の権力によって、彼らの「さまざまな力」をより発揮できる環境を整備したことにあるのだ。また、「遊女」や「唐の大王」への言及は、この港が既存の社会関係とは異なる新たな関係を作り出す場であり、海の交通の担い手同士の間で成り立つ商品交換の論理が支配する空間であったことを示している。それが時に王法仏法の秩序を脅かしかねない可能性を孕むことは「日本輪田平親王」という名称に如実に現れているが、この文脈からはそれを非難するニュアンスは読み取れない。大輪田泊《おおわだのとまり》は元来国家的施設であり、決して無主の地ではない。しかし、延慶本における経嶋は、国家の論理とともに、それを利用しつつ、時にはそれと拮抗しさえする海の交通の担い手たちの論理（仮にこれを海港の論理と呼んでおく）が存在しうる空間として記されている。延慶本は清盛の「大善」という枠組みの中で、「催し」によらず自らの主体性によって動く彼らの姿を書き込んでいるのである。

王法・仏法と海港の論理

大輪田泊では建久七年（一一九六）、初代東大寺大勧進の重源《ちようげん》がその修築を委任されているが、その後延慶元年（一三〇八）、「島の修固」の権限が東大寺八幡宮に「永代」委託され、東大寺は上り船から「升米《しようまい》」を、下り船から「置石《おきいし》」を徴収する権限を与えられている。が、その支配は地元の抵抗にあい、応長元年（一三一一）には阿波の商人が現地兵庫の問丸と共に関所を襲っている。この説話で阿波民部が「仏法」を退ける進言を行っていること、「心有人」の自発性が強調されていること等を考え合わせると、これはおそらく特定の顕密寺院の唱導とは別種の空間で成立したものであろう（漂船云々の記述からは、うつぼ舟伝承に見られるような寄物信仰を読み取ることができるかもしれない）。一方、覚一本では前述のように、人柱を救った話が印象的である（『盛衰記』では逆に清盛が人柱を立てたことになっており〈同書巻二十六

「入道非直人」〉、また幸若舞曲『築島』では清盛が三十人の人柱を立てる計画に固執するが、最終的に清盛の近習《きんじゅう》である「松王」が人柱に立ち、他は救われることになっている）。これも成立過程は不明だが、一切経の功徳や清盛の信仰が称揚されている点、基本的に仏法（顕密仏教）の枠内における説話といえよう。柳田國男《やなぎたくにお》はかつて「八幡若宮の信仰の一つの変体として、後日神に祀られる人が少年であり又婦人であり、しかも不慮の横死では無く、兼て承諾しもしくは進んで、命を捧げたといふ例が亦《また》相応に弘く分布して居る」と述べ、人柱伝承と八幡神の関係に注目した（『柳田国男集』一一〈筑摩書房、一九九八年〉所収「松王健児の物語」）。八幡信仰が一方では放生会《ほうじょうえ》に見られるように、殺生禁断のイデオロギーとも関わりが深いことを考えると、築島の人柱伝承も、あるいは東大寺八幡宮の影響下に成立したものかもしれない（だとすれば、東大寺が関の支配を獲得した延慶元年以降ということになる）。その先後関係を決めるのは難しいが、一切経の功徳に対する意味づけという点で、延慶本と覚一本は明らかに好対照をなしているのである。

清盛死亡記事後の三説話は、それぞれに清盛に対する肯定的記述といえるが、延慶本の「築島」説話の持つ効果はかなり異質である。ここに見られる海港の論理は、王法仏法の枠内で清盛の「悪行」を非難し、かつ救済を図るような回路とは無縁である。その意味でこの説話は孤立しているが、逆に王法仏法的視線に拘束された歴史叙述の限界をあぶりだす可能性を孕んでいるということもできるのではないか。

以上、覚一本の清盛の「悪行」をめぐる言説が、一枚岩的に統御されたものではないこと、にもかかわらず、最終的には彼の「悪行」イメージが優位にたつような構成がとられていることを見てきた。しかし、周縁的なものであったはずの記述は、いつか編者の意図を越えた読みかえを許すことになる。後に考察するように、王法仏法の観念がさほど重要視されなくなった時代、清盛に対する評価は拡散し始めるのである。

検非違使文学としての『平家物語』

都市の多重所属者たち

検非違使とその属性

『平家』における清盛の正負両面の表象について見てきたが、ここで視点を変え、そのようなネガティヴな表象のもう一つの起源について考えたい。

あらかじめ結論を先取りしていえば、清盛の強引さの印象の一半は、彼の義弟（妻の時子の弟）だった時忠《ときただ》（一一二八?〜八九）の言動から派生したものであるように思われる。そのことを考える際、時忠が検非違使別当《けびいしのべっとう》という、京の警視総監の役職を三度も務めており、その下に平家の多くの侍大将《さむらいだいしょう》が「判官《はんがん》」として組織化されていたこと、その権力の発揮ぶりが伝統的な貴族に大きな異和感を与えていたという事実を見逃すことができない。また、近代小説において「警察」「探偵」が大きな役割を果たして来たように、「検非違使」というポジションが権力と身分の低いアウトローを結ぶ、微妙で危うい線をなしていたこと、それがこの問題に微妙な陰影を与えていることも看過しえないように思う。本章では以下、この点を中心に考察していきたい。

検非違使とは、日本が中国の律令制度をとりいれて古代国家の枠組みを確立した時代にはまだ存在していなかった、いわゆる「令外《りょうげ》の官《かん》」である。華やかな王朝文化の影で、平安京にはさまざまな荒廃した現実が広がっていたことは想像に難くない。そのような荒廃した現実と支配者側の人々を結びつける大きな接点が検非違使庁であったと思われる。そこは権力の中枢からは見えにくい都市の諸側面について、さまざまな情報が集積される空間であり、またそのような情報、噂が説話化、物語化される過程で、検非違使が重要な役割を果たすことも多かったであろう。

次に、その検非違使が登場する文学作品の系譜について考えてみたい。検非違使と文学作品の関係については山口真琴氏の卓越した研究（『西行説話文学論』笠間書院、二〇〇九年）があり、それらをも参照しながら考えてみたい。

私見によれば、検非違使には三つの大きな特色がある。それは第一に華やかさ、第二に罪業《ざいごう》、第三に多重所属性である。

まず、第一の華やかさについて。十三世紀初頭成立の説話集『古事談《こじだん》』一・九三話には、検非違使別当に任じられる者の条件として、

鳥羽院仰云《おおせていわく》、検非違使別当ハ、兼六ケ事之者任之官也。所謂《いわゆる》重代、才幹、成敗、容儀、近臣、富有云々

と記している。山口氏は、白河院や鳥羽院の言葉が検非違使の条件を規定する形になっていることから、院政期における検非違使庁が、院権力との直接的結合を強めていたであろう状況を推測している。丹生谷哲一《にゅうのやてついち》氏（『増補　検非違使』平凡社ライブラリー、二〇〇八年）は、（別当とそれ以外の検非違使を区別しつつ）別当に限定されない検非違使の任命において、本来非違検断権と関係ない「富貴」や「容儀」が求められる背景として、儀礼・秩序・キヨメの統轄機能や非人施行《せぎょう》などの職務と不可分な理由があったとしている。いわば、検非違使は王朝都市平安京においてもっとも人々への露出度が高く、その振る舞いが人々の注視の的となる、羨望の官職の一つだったのである。『発心集《ほっしんしゅう》』八・一二話「前兵衛尉遁世出家事」は、「弟ハ検非違使ニ成、大夫少輔マデ至リテ世ニアヒタルヲ」、自分自身は「カク数ナラヌ事ノ心ウク覚ヘ」て賀茂社に詣でた男の話であるが、検非違使になることが華やかな出世を意味するものであった事情の一半を示している。また、『古今著聞《ここんちょもん》集《じゅう》』一・一六話は、「さかとの左衛門大夫」と呼ばれた源康季の検非違使補任《ぶにん》に賀茂の神慮があったことを述べた上で、「康季かく神慮にかなひける故にや、さしもありがたき大《たい》夫尉《ふのじょう》に、近康・康綱・康実・康景、四代絶ず成にけり。（中略）他家には有がたき事也」

と、「大夫尉」の晴れがましさを強調している。

第二の罪業性については、山口氏が再三論じる久保家本『西行物語《さいぎょう》』絵巻詞書における佐藤義清（後の西行）の出家の過程を述べた記述に示されている。

かかりしかども、君なをあき不思食《おぼしめさず》して、いそぎ廷尉にもなさるべき御気色しきりなりしかども、（中略）とかく遁申、外には奉公をいたせども、内には世のあだにはかなきありさまを歎。彼坂上の政佐は、地獄におつと夢にみて、検非違使にならじとて、五位の冠を賜きなど、おもいいでられて

坂上政佐は本名惟宗允亮《これむねのただすけ》という十一世紀の明法家《みょうぼうか》であるが、彼については『西行物語』に先行する吉川本『宝物集《ほうぶつしゅう》』（編者はやはり「判官」経験者の平康頼《たいらのやすより》）冒頭近くでも、

大庭の椋《むく》の木をみるに、白馬の節会《せちえ》思ひ出られて、摺文《すりあや》なせる衣袴《きぬはかま》着たるもの、かんがへいましめし事、おもひ出られて悔しくぞ侍けり。

惟宗允亮《これむねのまさすけ》が罪深き事を夢にみて、五位の冠給ひけるも理《ことわり》にぞ侍べき。

允亮、検非違使を申けるころ、夢に、地獄に落る官をのぞむと、獄卒鉄《くろがね》の札に付《つく》るとみて、検非違使にならで五位に成たる事也。

と言及されている。これは康頼が鹿の谷陰謀事件に連座し、鬼界が島に流された後、赦されて京に戻って来た時の感慨を叙した文章である。この文脈から判断して、『西行物語』

は佐藤義清の出家の契機の一つとして、鳥羽院の恩寵により、検非違使に任命されそうになったことを避けたことにあると読めるだろう。山口氏は『西行物語』のそのような発想の前提として、後白河院に寵愛されて検非違使・大夫尉に成り上がった者たち（藤原師光《もろみつ》＝西光《さいこう》、その子加賀守師高、治承のクーデターで殺された藤原為行・為康兄弟、自害した大江遠《おおえのとお》業《なり》、平業房等）の運命に対する知識があったのではないかとしている。山口氏は「シンボリックな意味での大夫尉は、そうした驕慢《きょうまん》専横の謂《いい》であると同時に、とくに保元の乱以降の権力闘争においては、スケープゴート的な存在でさえあっただろう。源平の乱後、昇殿まで許された大夫尉源義経もまたしかりである」と書いている。罪人を追及し、検断する役割だった検非違使が、動乱の最中でたちまち罪せられる側に追いやられてしまう。特に源平争乱期の検非違使には、そのような歴史の持つ矛盾が凝縮して表現されていたといえるかもしれない。

多重所属者としての検非違使

そして、以上の第一・第二の属性を踏まえた上で、第三の属性として、その多重所属性が挙げられるように思う。山口氏は建保年間（一二一二〜一九）より検非違使庁における結縁経供養《けちえんぎょうくよう》の行事が復活したことを記す『古今著聞集』二・六九話の記事を紹介しつつ、その目的として検非違使自身の職掌に由来する罪業に対する懺悔とともに、「非人・河原等の統括管理やキヨメ機能に直結したとされる、賑給《しんごう》・施米《せまい》・濫僧《らんそう》供・非人施行などに類するものを兼ねていたのではないか」とする。いわば、自他双方の滅罪を祈ったものということであるが、絶えず犯罪者と接触する彼らの生活が、時にその境界線を越えることがあったとしても不思議ではない。また、犯罪者を糾弾する役である彼らが、犯罪者の事情にもっとも通じていることも充分ありうることである。

十二世紀初頭に成立した『今昔物語集《こんじゃくものがたりしゅう》』巻二九（本朝悪行）は、日本におけるさまざまな悪行に関わる説話を集成しているが、その冒頭に以下のような印象深い説話が配置されている。

今昔、□天皇ノ御代《みよ》ニ、西ノ市ノ蔵ニ盗人入ニケリ。盗人蔵ノ内ニ籠タル由ヲ聞テ、検非違使共皆打衛《うちかこみ》テ捕ヘムト為《す》ルニ、上ノ判官□ト云ケル人（中略）有ケルニ、鉾《ほこ》ヲ取タル放免ノ、蔵ノ戸ノ許《もと》ニ近ク立タルヲ、蔵ノ戸ノ迫《はざま》ヨリ、盗人此ノ放免ヲ招キ寄ス。放免寄テ聞クニ、盗人ノ云《いわ》ク、「上ノ判官に申セ。「御馬ヨリ下テ、此ノ戸ノ許ニ立寄セ給へ。御耳ニ差宛テ、忍テ可申《もうすべ》キ事侍リ」」ト。

放免、上ノ判官ノ許ニ差寄テ、「盗人此《かく》ナム申ス」ト告《つぐ》レバ、（中略）上ノ判官、此レハ様《よう》有ル事ナラムト思テ、馬ヨリ下テ、蔵ノ許ニ寄ヌ。其ノ時ニ、盗人、蔵ノ戸ヲ開テ、上ノ判官ヲ、「此入《こちいら》ラセ給へ」ト云ヘバ、上ノ判官、戸ノ内ニ入ヌ。盗人、戸ヲ内差ニ差籠《さしこめ》ツ。検非違使共、此レヲ見テ、（中略）謗《そし》リ腹立合タル事無限《かぎりな》シ。而《しか》ル間、暫許有《とばかりあり》テ、蔵ノ戸開ヌ。上ノ判官、蔵ヨリ出テ馬ニ乗テ、検非違使共ノ有ル所ニ打寄テ、「此レハ様有ル事也ケリ。暫ク此ノ追捕不可被行《おこなわるべから》ズ。可奏キ《そうすべき》事有」ト云テ、内へ参ヌ。（中略）暫許有テ、上ノ判官返リ来テ、「此ノ追捕不可被行ズ。速ニ罷《まか》リ返ネト宣旨《せんじ》有」ト云ケレバ、検非違使共、此レヲ聞テ引テ去《い》ニケリ。上ノ判官一人ハ留リテ、日ヲ暮シテ、蔵ノ戸ノ許ニ寄テ、天皇ノ仰セ給ケル事ヲ、盗人ニ語ケリ。其ノ時ニ、盗人音《こえ》ヲ放テ哭《な》ク事無限《かぎりな》シ。其ノ後、上ノ判官ハ内ニ返リ参ニケリ。盗人ハ蔵ヨリ出デ、行ケム方ヲ不知《しら》ズ。此レ、誰人ト知ル事無シ。亦《また》、遂ニ其ノ故ヲ人不知《しら》ザリケリトナム語リ伝ヘタルトヤ。（「西市蔵入盗人語第一」）

この説話はさまざまなことを考えさせる内容を持っている。「上ノ判官」とは、「検非違使庁の尉（第三等官）で六位の蔵人に任ぜられ、昇殿を許された者」（新日本古典文学大系本脚注）である。この話は、どうやら盗人の犯罪の動機になみならぬ深い事情があること、それは盗人自身と「天皇」との関係に由来しているらしいこと、そのために彼はその犯罪にもかかわらず、放免されることになったこと、この機密性の極めて高い情報の取り次ぎを行ったのが検非違使判官であったことがわかる。検非違使とはこのように、一般的に公表することのできないような機密情報を扱い、それを動かすことを通じて人々の状況を変化させていく権能を持っている存在であったのである。

　また、この話には「上ノ判官」以外の下位身分の検非違使たちが記述され、彼らにはこの機密は知らされないのだが、前述のように、一般に検非違使は犯罪を犯して刑に服した後、出獄してきた人々（「放免」と呼ばれた）を使役したことで知られている。検非違使は京の治安を維持するのがその役目であり、今昔物語集巻二九でいえば「藤大夫《とうのたいふ》□家入強盗被捕語第七」や、「下野守為元家入強盗語第八」にそのような事例がある。

　しかし、この放免や検非違使自身が犯罪を犯す話も実は少なくない。たとえば「放免共、為強盗入人家被捕語第六」では、「東ノ獄」の近辺に住む放免たちが、近所に住む豊かな受領《ずりよう》の家に強盗に入ることを計画し、その家の下人を籠絡しようとするが却ってだまされ、一網打尽にされる話である。彼らは「此《かか》ル奴原ハ獄ニ禁ジタリトモ、後ニ出ナバ定メテ悪《あし》キ心有ナム」との受領の判断により、射殺されてしまう。また、「検非違使、盗糸被見顕語第十五」では、盗人の家に彼を逮捕に行った検非違使たちの中の一人が、その家の糸を盗んで袴の裾の中に隠し持っていたのを他の検非違使たちに怪しまれる話である。彼らは一計を案じ、河原で水浴するために皆で服を脱ぐことにし、例の検非違使にもそれを強要する。脱がした服を看督長《かどのおさ》に管理させたところ、糸がこぼれおちる。件《くだん》の検非違使

図6　検非違使（『法然上人絵巻』より，知恩院所蔵）

は「顔ノ色ハ朽《くち》シ藍《あい》ノ様ニ成テ、我レニモ非《あら》ヌ気色シテ立」ちあがり、それを見た他の検非違使たちも、心では憎くも思いながらも、気の毒な気もして、去って行ってしまう。結局、見つけられた糸は看督長の一人が拾って、この検非違使の従者に受け取らせる。そして「従者モ、我レニモ非ヌ気色ニテゾ糸ヲバ取ケル。放免共、此レヲ見テ、己《おのれ》等ガドチ密《みそか》ニ私語《ささや》ケルニ、「我等ガ盗ヲシテ身ヲ徒《いたずら》ニ成シテ、此《かか》ル者ト成タルハ、更ニ恥ニモ非ザリケリ。此ル事モ有ケリ」ト云テゾ、忍テ咲《わら》ヒ合タリケル」という落ちがつくのである。正義と治安維持を司るべき検非違使の中にさえ犯罪者がいるのなら、放免が前科者であることを恥じる必要はない、ということだが、敢えてこのような放免の視点を書きつける説話編集者自身、検非違使をめぐる状況が決して一筋縄ではいかないことをアイロニカルに表現したかったのかもしれない。

また、『古今著聞集』一二一・四三三話「検非違使別当隆房家の女房大納言殿、強盗の事露顕して禁獄の事」は次のような話である。四条隆房が検非違使別当だった時代に、白川に強盗が入った。その家の者が強盗の正体を突き止めるため、ひそかに強盗の仲間であるふりをして彼らについていったところ、その首領らしき者が「四条大宮の大理の亭の西の門の程にて、かき消つがごとく」見えなくなってしまった。朝になってその近辺を捜索すると、その首領は手傷を負っていたものと見えて、道の上に血がこぼれている。事情を隆房に語り、家中を調べさせたところ、「大納言殿とて、上臈《じようろう》の女房のありけるが、このほど風のおこりて、えなん参らぬよし」を言ってきたので、彼女を召喚したところ、「その跡をさがしければ、血つきたる小袖あり。あやしくて、いよいよあなぐりて敷板をあけて見るに、さまざまの物どもをかくし置きたりけり」という有様であった。「おもてがた一つありけるは、その面をしてかほをかくして、夜々に強盗をしけるなり」ということで、強盗をするための仮面まで発見された。

隆房は驚愕して、検非違使庁の役人に命じて白昼に禁獄した。「二十七八ばかりなる女の、ほそやかにて、長だち・かみのかかり、すべてわろき所もなく、優なる女房」だったという。「昔こそ鈴鹿《すずか》山の女盗人とていひつたへたるに、ちかき世にもかかるふしぎ侍りけることよ」という話末評が付いているが、この話のポイントは、強盗を取り締まるはず

の検非違使別当家のまさにおひざ元に、その首領、しかも妙齢の女性の主犯がいたという
ことであろう。しかし、強盗の立場からいえば、京の治安情報を集積しうる立場の検非違
使別当家に潜入するのは、その仕事を上手くしおおせるためには非常に好都合であったわ
けで、その事実がこの説話に奇妙な現実味を与えているように思われる。

説話の形成基盤としての検非違使庁

なお、平安京における検非違使と盗賊伝説の結びつきを示唆するも
のに、有名な「袴垂《はかまだれ》」「保輔《やすすけ》」の説話がある。『宇治拾遺物語《うじしゅういものがたり》』
巻一一「保輔盗人たる事」には、以下のような記述がある。

今は昔、丹後守保昌《やすまさ》の弟に、兵衛尉《ひょうえのじょう》にて冠《こうぶり》賜りて、保輔といふ者ありけり。盗人
の長《おさ》にてぞありける。（中略）家の奥に蔵を造りて、下を深う井のやうに掘りて、太
刀、鞍、鎧《よろい》、兜《かぶと》、絹、布など、万《よろず》の売る者を呼び入れて、いふままに買ひて、「値《あたい》
を取らせよ」といひて、「奥の蔵の方へ具して行け」といひければ、「値賜らん」とて
行きたるを、蔵の内へ呼び入れつつ、掘りたる穴へ突き入れ突き入れして、持て来た
る物をば取りけり。この保輔がり物持て入りたる者の、帰り行くなし。この事を物売
あやしう思へども、埋み殺しぬれば、この事をいふ者なかりけり。
これならず、京中押しありきて盗みをして過ぎけり。この事おろおろ聞えたりけれど
も、いかなりけるにか、捕へからめらるる事もなくてぞ過ぎける。

最後の一文の中の「いかなりけるにか」という文言に、保輔の犯罪の背景にある深い政治的闇の存在をうかがうことができる。この話について、「新日本古典文学全集」の頭注は、「兄の保昌が、武略無双の勇者として、藤原摂関家の家司《けいし》となり、地方行政官を歴任して公人として社会の表街道を歩き続けたのと対照的に、藤原北家《ほっけ》との政争に敗れ、死後怨霊《おんりょう》と化したといわれる祖父元方の系譜に連なる闇の世界に生きた、貴族と強盗という二つの顔をもつ、不気味な世のすね者的存在であったと見ることができよう」と解説している。保輔の犯罪的行為は、藤原摂関家の栄華が犠牲者たちの血で汚れたものであることの逆説的な証しでもあるということであろう。このことは、『宇治拾遺物語』巻二「袴垂、保昌に合ふ事」と照らし合わせるとより陰影のある話になる。

昔、袴垂とていみじき盗人の大将軍ありけり。十月ばかりに衣《きぬ》の用なりければ、衣少しまうけんとて、さるべき所々窺ひ歩きけるに、夜中ばかりに人皆しづまり果てて後、月の朧《おぼろ》なるに、衣あまた着たりけるぬしの、指貫《さしぬき》の稜《そば》挟みてきぬの狩衣《かりぎぬ》めきたる着て、ただ一人笛吹きて行きもやらず練り行けば、「あはれ、これこそ我に衣得させんとて出でたる人なめり」と思ひて、走りかかりて衣を剝がんと思ふに、あやしく物の恐ろしく覚えければ、添ひて二三町ばかり行けども、我に人こそ付きたれと思ひたる気色もなし。いよいよ笛を吹きて行けば、試みんと思ひて、足を高くして走り寄りたるに、笛を吹きながら見かへりたる気色、取りかかるべくも覚えざりければ、走り退《の》きぬ。（中略）この人の気色、「今は逃ぐともよも逃がさじ」と覚えければ、鬼に神取られたるやうにて共に行く程に、家に行き着きぬ。いづこぞと思へば、摂津前司保昌といふ人なりけり。家の内に呼び入れて、綿厚き衣一つを賜りて、「衣の用あらん時は参りて申せ。心も知らざらん人に取りかかりて、汝過《あやま》ちすな」とありしこそあさましく、むくつけく、恐ろしかりしか。いみじかりし人の有様なり。捕へられて後語りける。

この説話は袴垂が検非違使庁に捕縛されて後、自らの過去の所業を告白する中で出てきたものという体裁をとっており、検非違使庁が説話の形成基盤であるといってよかろう。頭注には、「保輔と袴垂とを結びつける伝承があるが、本話の顛末から見れば、別人であることは確か。しかし、『汝過ちすな』という袴垂へのいたわりに満ちた警告の言葉には、弟の保輔を案ずる兄の複雑な思いが込められているように読めよう」とある。摂関政治が続く限り、保輔のような疎外者が析出される構造は変わらない。「袴垂」と「保輔」が同一人物であった証拠はないのだが、近世の歌舞伎『御贔屓竹馬友達』（文政五年〈一八二二〉）等では両者は同一人物とされている。そのような後世の集合的想像力の強さに、私たちは思いを致す必要があるだろう。

以上、検非違使の属性に関する三つの特徴について見てきたが、私見では『平家』における検非違使の言動にも、以上三点の特色が見られるように思われる。平氏がその全盛時代、検非違使判官に多くの一門の侍大将（源大夫判官季貞《すえさだ》、上総判官忠綱、飛騨判官景高等）を配し、京の軍事権を掌握していたことは知られているが、彼らもこれら如上《じょじょう》の三種の属性を併せ持っていたことと思われる。さらに別当を三度務めた平時忠の場合、これらの属性の上に、成り上がり貴族としての過剰性が強烈に発揮されているように思う。以下、それらのことについて見ていきたい。

検非違使別当・平時忠

時忠の経歴

平時忠《たいらのときただ》は桓武天皇の血を引く堂上《とうしょう》平氏である。父は平時信《ときのぶ》、母は令子《れいし》内親王家の半物《はしたもの》であり、平清盛の妻時子の同母弟であった。異母弟妹に親宗《ちかむね》・建春門院滋子《けんしゅんもんいんしげこ》がいるが、母親の身分はこの弟妹の方が高い。永暦元年（一一六〇）検非違使・右衛門権佐、仁安二年（一一六七）参議、治承三年（一一七九）正二位《しょうにい》、寿永二年（一一八三）権大納言《ごんのだいなごん》に昇進する。応保元年（一一六一）滋子が産んだ憲仁《のりひと》親王の立《りっ》太子《たいし》を謀って出雲配流《はいる》、嘉応元年（一一六九）にも藤原成親《ふじわらのなりちか》配流事件に関連して再び出雲配流となる。寿永二年七月の都落ちに同行、文治元年（一一八五）壇《だん》ノ浦《うら》では死なずに生け捕られる。能登配流となるもののしばらくは京にとどまり、娘の一人を敵方であったはずの源義経《みなもとのよしつね》に嫁がせている。同年九月能登に赴き、文治五年二月二十四日配所で没した。

奥能登の豪農時国家は時忠の子孫と伝えられている。

時忠は公家平氏とはいうものの、母親の身分は低い。しかし、姉が清盛に、また妹が後白河院に嫁していた縁で、異例の出世を遂げ、三度も検非違使別当《けびいしのべっとう》を務めた辣腕家《らつわんか》であった。一度目は仁安三年（一一六八）七月から嘉応元年（一一六九）十二月まで、二度目は安元元年（一一七五）十一月から同二年十二月まで、三度目が治承三年（一一七九）正月から同五年四月までである。また、それに先立つ応保元年（一一六一）正月以後の一年八ヶ月は清盛が検非違使別当をつとめているが、時忠はその配下で佐（二等官）をつとめている。

「狂乱の人」時忠

検非違使別当時代の時忠の勤めぶりについては、『玉葉《ぎょくよう》』が多くの記録を残している。安元二年（一一七六）年七月八日条には、建春門院の死に際して、時忠が高倉《たかくら》天皇が会いに来ることを阻止しようとしたことが記されている。

御所方より人走り来たり簾を擡げ関白を招く。関白即ち簾中に入り了《おわ》んぬ。（中略）暫く言談の声あり（法皇渡所、関白を召し入らるるかの由存知の処、敢へて以て然《しか》らずと時忠卿の声なり。事太《はなは》だ穏かならず）。即ち関白簾中より出で、直に以て退出す。件の簾中より時忠卿首を指し出で（その鬢正しからず、月代《さかやき》太だ見苦し。面色殊に損ず）、左大臣以下に示して云はく、各見参を申し了んぬ。抑《そもそも》今日この御所に行幸あるべし。

日次《ひなみ》宜しからず如何と云々。左府曰はく、日次の事沙汰に及ぶべからずと云々。時忠卿帰り入り了んぬ。この間の次第驚き奇しむに足る。時忠素《もと》より狂乱の人なり。左右《そう》する能はず。左右する能はず。（中略）
女房等云はく、主上この事を聞し食《め》ししより後、御衣を被《かず》き敢へて動き給はず。見奉る者、殆ど堪ふべからずと云々。道理の中の道理なり。就中《なかんずく》、日来具《ひごろつぶ》さに御有様を奏せず、又遂に行幸の事等無し。万人を怨み仰せられ、御涕泣《ていきゅう》雨の如しと云々。

母親の臨終に立ち会うことのできない天皇の苦悩に同情的な兼実の心情が伝わってくるが、そのことは当然、そのような情感を踏みにじる存在に対する怒りを掻き立てることにもなるだろう。「時忠素より狂乱の人なり。左右する能はず。左右する能はず」という表現に、彼に対する摂関家側の見方がにじみ出ている。時忠の振る舞いが兼実を憤慨させたのはこれが初めてではないのであり、すでに時忠の人物イメージが固定する傾向にあったことがわかるだろう。治承三年（一一七九）正月十九日条には、「左衛門督《さえもんのかみ》時忠、三度別当に任ず。物狂ひの至りなり。人臣の所行にあらず」と、時忠が生涯三度目の検非違使別当に任じられたことが、最大の非難とともに記されている。

同年六月二日条には、九条家の「車副《くるまぞ》ひ国貞丸」が検非違使庁に理由も明かされずに捕縛されたことが記されている（「大略《ほぼ》時忠卿阿党《あとう》か。然《しか》れども近代の事、訴ふるに所無し。

これを為す如何《いかん》」）。おそらく何かの事件の関係者であることを疑われたのであろう。この件については、連日兼実からの働きかけがあったが、六月二十三日条に「検非違使基広を以て車副ひ等を相副ひ、大理の許に遣はす。訴訟の真偽を糺《ただ》さんためなり。夜に入り基広帰り来たりて云はく、章貞、看督長、遁れ申す方無し。仍つて基広に預け給はり、重ねてこの事を誡《いま》しむべし。使庁の恥なりと。又恐れ申す少からずと云々」とあることで、三週間も不充分な嫌疑のために禁獄されたことがわかる。このような事件の記憶が『平家物語』の「禿髪《かぶろ》」のような説話に拡大していったのではないだろうか。

さらに、この年十一月の清盛のクーデターの結果、別当時忠配下の検非違使庁では大きな人事異動が見られ、後白河院近臣であった判官（尉《じよう》）大江遠業・平資行《すけゆき》・藤原信盛等が解官された代りに、平家の侍大将である藤原景高（飛騨判官景高）・藤原忠綱（上総判官忠綱）や美濃源氏の源光長等が抜擢されている。平家の家人で検非違使を兼ねた人物には、他にも源判官季貞、主馬《しゆめ》判官平盛国、摂津判官平盛澄等がいる。これにより、平氏は検非違使庁の権限を掌握したのである。

翌治承四年五月十七日条には、以仁王《もちひとおう》の乱に際して、以下のような記述がある。

高倉宮おはします所、三井寺、平等院なり。京を出でらるべき由、沙汰する所なり云々といへり。これに因り時忠卿、かの御迎へのため人を進《まい》らす。（中略）又宗盛卿武士《もののふ》五十騎許《ばか》りかの使に着き副《そ》ひこれを遣はす。

時忠が「人を進らす」のは、彼の検非違使別当としての職掌によるものであり、以仁王の乱が警察行為の対象とされていたことがわかる。そのことは同年五月二十六日条の、

検非違使季貞、前大将の使となり院に参る。時忠卿相逢ふ。申して云はく、頼政の党類併しながら誅殺し了んぬ。（中略）検非違使景高（中略）、同忠綱（中略）等已下《いか》、士卒三百余騎逐ひてこれを責む。

という記述にも明らかである。季貞、景高等は平家の侍大将であり、平家の軍事力の精鋭部隊である。しかし彼らは形式的には源氏対平氏という枠組みではなく、別当時忠配下の検非違使として行動していたのである。逆に言うと、平氏に反感を持つ者たちにとり、時忠と彼の率いる検非違使庁こそが、もっとも対立すべき勢力として意識されるものであったことがわかろう。

盗賊と「宣旨」

この点で『平家』巻四の以下の説話は興味深い。以仁王の謀叛が発覚した後、朝廷は「源大夫判官《げんだいぶ》兼綱《かねつな》・出羽判官光長」が宣旨を承って宮の御所に向かった（巻四「鼬之沙汰《いたちのさた》」）。しかし宮はすでに御所から出奔しており、留守を預かる長谷部信連《のぶつら》と検非違使の乱闘となる。検非違使は「いかに宣旨の御使をばかうはするぞ」と呼びかけるが、信連は「宣旨とはなんぞ」といって応戦をやめない。その後、信連

は六波羅《ろくはら》へ連行され、宗盛に「まことにわ男は、宣旨とはなんぞとてきッたりけるか」と糾問される。しかし信連は「すこしもさはがず、あざわらって」答える。

このほど、よなよなあの御所を物がうかがひ候時に、なに事のあるべきと存《ぞん》じて、用心も仕《つかまつり》候はぬところに、よろうたる物共が、うち入って候を、「なに物ぞ」ととひ候へば、「宣旨の御使」となのり候。山賊・海賊・強盗なンど申やつ原《ばら》は、或は「公達のいらせ給ふぞ」、或は「宣旨の御使」なンどなのり候と、かねがねうけ給はッて候へば、「宣旨とはなんぞ」とてきッたる候。凡《およそ》は物の具《ぐ》をも思ふさまにつかまつり、かねよき太刀をもも候《そうらわ》ば、官人共をよも一人も安穏ではかへし候はじ。（巻四「信連」）

ここで焦点となっている「宣旨」とは、とりもなおさず検非違使別当が天皇の命を受けて発給する「別当宣」のことである。事実、この説話でも「宣旨」を帯びて高倉宮の捕縛に向かったのは兼綱・光長等の検非違使の三等官であった。長谷部信連の抗弁は、この検非違使役人の配下の者の中に「山賊・海賊・強盗なんど申やつ原」が紛れ込んでいるといっているのに等しい。そして、このときの検非違使別当《べっとう》はほかならぬ平時忠であった。この説話の中では宗盛が敵役になっているが、本来これも時忠の役回りであってもおかしくなかったのではないだろうか（角田文衞《つのだぶんえい》氏によれば、信連は後に鎌倉幕府に見出され、晩年能登に配流されていた時忠を監視する役を務めていたといわれる〈『平家後抄』上、朝日新聞社、一九八一年〉。両者の関係は二重に因縁《いんねん》の深いものだったことがわかる）。

平氏政権の悪役として

治承四年九月三日条には、「伝へ聞く、謀叛の賊、義朝の子、年来配所伊豆国にあり。而《しか》して近日凶悪を事とし、去《さんぬ》る比《ころ》新司の先使を凌礫《りようれき》す（時忠卿知行《ちぎよう》の国なり）」と、頼朝挙兵の消息が記録されている。頼朝挙兵の直接的な動機や、北条時政ほかの伊豆の諸豪族が頼朝を支持した理由についてはさまざまな説があるが、前年十一月の政変以後、伊豆が時忠知行の国になり、その中央での力関係の変化が伊豆の在地勢力にも大きな波紋を巻き起こしてきたことが一番大きな要因であったように思われる。ここでも時忠の強引な手法が、在地の反発を買った面が大きかったのではないだろうか。

同年十一月には京への還都が決定するが、その後京においては戦時体制が構築され、検非違使別当時忠の行動も過激さを増していく。同年十二月六日条には、時忠の息子時実とその配下の武士が源雅頼《まさより》の邸に来たり、頼朝と通じているという嫌疑のある「青侍《せいし》」（＝斎院《さいいん》次官《のすけ》親能）を求めて乱暴な家内捜索を行ったことが伝えられている。最後に、兼実のコメントとして、

凡そ世間の濫吹狼藉《らんすいろうぜき》、辞を以て演《の》ぶべからず。筆を以て記すべからず。心うき世なり。

この事時忠卿の奉行たりと云々。件の人の沙汰に懸る事、人として恥辱に及ばざるなし。弾指すべき世なり。委しき趣は短毫《たんごう》の及ぶ所にあらず。希異の勝事たるに依り、十分の一を録するのみ。

という言葉が記されている。この挿話は『平家』巻六「物怪之沙汰」の「青侍《せいし》の夢」の説話に似ており、その起源ではないかと推測されている。別の箇所では、時実たちの行動が父時忠の指示ではなく、宗盛の指示である可能性も示唆されているものの、さきの引用文からは、時忠が往々にして他の人々の矜持《きょうじ》を傷つける人物として認識されていたことがうかがわれる。また、同年十二月十三日条には、「諸卿左右大臣を除く外、左大将已下《いか》、併しながら武士を進《まい》らすべき由」が、「時忠の張行《ちょうぎょう》」により催されたことが記されている。「同時代人にとっての清盛」の章で触れたように、関東の源氏との戦争に平氏以外の権門からも軍事力の動員をかけようとしていることがわかるが、戦争を卑しい武士の所業と見下してきた伝統的な公卿の反発の大きかったこの指令を出したのも時忠であったという。この時点で時忠が伝統的な貴族層の憎悪の的となっていたことは想像に難くない。

都落ち後の時忠

時忠の神器戦略

寿永二年（一一八三）七月二十四日、北陸での戦いで木曾義仲《きそよしなか》に敗れた平家一門は、京を維持することの困難を考えていったん西国《さいごく》に都落ちすることを決定した。当初の予定では後白河院や摂政近衛基通《このえもとみち》も連れて行くことにしていたが、状況を察知した法皇には直前に叡山に逃げられ、幼い安徳《あんとく》天皇のみを擁しての都落ちになった。この間の騒然とした状況については、『平家』巻七の「主上都落《しゅしょうのみやこおち》」以下の諸段に詳しい。

この時、時忠父子は行を共にした。建春門院《けんしゅんもんいん》─高倉《たかくら》院─安徳天皇の血統との近さをその権力の依りどころとしてきた彼にとって、一門と別れて都にとどまるという選択肢があり得なかったであろうことは想像に難くない。ただ、一敗地にまみれはしても、都落ち後の平家にとって何が武器になるかということについて、時忠は冷静に戦略を考えていた。

『玉葉《ぎょくよう》』同年七月二十六日条には、都落ちした平家が三種の神器《じんぎ》を携えていったことに対して、宮廷が動揺していることを示す、源雅頼の言葉が記されている。

> 神璽《しんじ》、宝剣、内侍所《ないしどころ》、賊臣悉《ことごと》く盗み奉り取り了《おわ》んぬ。而《しか》も左右《そうな》無く平氏追討すべき由、仰せ下さるる条、甚だ不便、先づ剣璽安全の沙汰あるべし。仍ってこの旨を奏聞し、勅許あり。親宗《ちかむね》を以て、御教書《みぎょうしょ》を多田蔵人大夫行綱《ゆきつな》の許に遣はし了んぬ。この事猶荒沙汰なり。仍つて内々女院《にょいん》、若しは時忠卿（件の卿賊に伴ふ）の許に仰せ遣はさるべき由、重ねて以て奏聞す。然るべき由仰せありと云々。

親宗とは時子《ときこ》・時忠の兄弟ではあるが、平氏一門とは距離を置いていた後白河院の近臣である。ここでは多田行綱が三種の神器を奪い返すことを命じられたが、それでは戦闘行為に及ぶことを恐れた雅頼が、一門に伴って都落ちした時忠と交渉して、穏便に取り戻すことを主張し、院もそれを了承したことが伝えられている。ここで時忠自身は「賊」と認定されていないことに、彼に対する貴族社会の遠慮を読み取ることができよう。

ただし、兼実自身はそのようなやり方が功を奏するとは思っていなかったようだ。時忠と真正面から交渉したところで、彼が神器をおとなしく返還するということは考えられない。ここは奇策をもって、平家一門の誰かを籠絡《ろうらく》し、隠密裏《おんみつり》に神器を奪回する方策を考えるしかない、というのが兼実の意見であった（同年七月二十七日条）。しかし朝廷はなおも時忠に望みをかけており、同年八月九日条には「伝へ聞く、去る六日解官《げかん》二百余人ありと云々。時忠卿その中に入らず。これ還御《かんぎょ》あるべき由を申さるる故なりと云々。朝務の尫弱、これを以て察すべし。憐むべし憐むべし」という記事が見えている。このような朝廷側の弱腰こそ、時忠の望むところであった。同年八月十二日条には、「一昨日夜、時忠卿の許に遣はさるる御教書、返札到来す。その状に云はく、京中落居の後、剣璽已下《いか》の宝物等還幸あるべき事、前《さきの》内府に仰せらるべきかと云々。事の体頗《すこぶ》る嘲弄の気あるに似たり」とあり、時忠が朝廷側の弱みを見通しており、容易に神器を返そうとしないことが記されている。

多重所属者、時忠

元暦二年（文治元、一一八五）三月の壇《だん》ノ浦《うら》の戦いで、平家一門の多くは海に沈み、源平の戦いは源氏の圧倒的勝利に終わった。時忠の姉時子も、安徳天皇を抱いて海に沈んだのだが、時忠は生虜《いけどり》になる道を選んだ。しかも、三種の神器の一つである神鏡を安全に守り通したことは自分の功績であるとして、自身の流刑免除を申し出ている（『玉葉』同年五月三日条）。武家平氏とは異なるメンタリティの持ち主であった彼の真面目《しんめんぼく》が表れている挿話であろう。さらに、彼はあろうことか敵の大将義経《よしつね》に娘を通じさせ、流罪が決定してからも長く京に居座っていた。『吾妻鏡《あずまかがみ》』文治元年（一一八五）九月二日条には、義経がその配流を延引させていたこと、そしてそのことを頼朝が不快に思っていたことが記されている。

また、時忠の息子時実《ときざね》は義経が都落ちする時も同道し、一度は鎌倉に捉えられるものの、のちに京都政界に復帰している。反面、時忠のもう一人の息子時家については、『吾妻鏡』養和二年（寿永元、一一八二）正月二十三日条によれば、「継母の結構によって上総国に配せら」れたという過去を持ち、上総介広常《かずさのすけひろつね》の紹介を通じて頼朝に仕え、そのお気に入りの一人であったことがわかる。時忠一家の動きは単純な源平対立史観では割り切れない、想像以上に複雑で多重所属的なものであったのである。

『平家物語』の中の時忠

「此一門にあらざらむ人は」

それでは以上の『平家』における時忠《ときただ》の表象（部分的には上述の『玉葉《ぎょくよう》』の記述と重なる点も多い）について検討してみよう。検非違使の第一の属性（華やかさ）と第二の属性（罪業）が裏表の関係で記されているのが「禿髪《かぶろ》」の章である。この章の後半にさきに引用した「禿髪」の話題が紹介されるが、その前半は以下のように書かれている。

人の従ひつく事、吹風の草木をなびかすがごとし。世のあまねく仰げる事、降る雨の国土をうるほすに同じ。六波羅殿《ろくはらどの》の御一家の君達《きんだち》と言ひてンしかば、花族も栄耀《えいよう》も、面《おもて》を向へ、肩を並ぶる人なし。されば入道相国《にゅうどうしょうこく》のこじうと、平大納言時忠卿ののたまひけるは、「此《この》一門にあらざらむ人は、皆人非人《にんぴにん》なるべし」とぞのたまひける。かかりしかば、いかなる人も、相構《あいかまえ》て其《その》ゆかりにむすぼほれむとぞしける。衣文《えもん》のかきやう、烏帽子《えぼし》のためやうよりはじめて、何事も六波羅様《よう》と言ひてンげれば、一天四海の人、皆是《これ》をまなぶ。

「六波羅様」の話と「禿髪」の説話が同一の章段に収められているのは偶然ではない。両者は平家一門が掌握した後の検非違使庁《けびいしちょう》の空気を表す二つの側面として理解できるのではないだろうか。また、『平家』における時忠は、過激な言動で周囲を畏怖《いふ》させたり、憎悪を買ったりする成り上がり貴族として描かれているが、彼の言動でもっとも有名なものは、この「此一門にあらざらむ人は、皆人非人なるべし」というセリフであろう。しかし、そもそも時忠は伊勢平氏の一門ではない。にもかかわらず彼がこのようなことを言ったと伝えられる背景には、清盛に対するそれとは別の意味で、時忠に対する説話化が働いたことが考えられる。彼の過激な言動に対する「期待の地平」が後世の宮廷社会の中で形成されたものと思われる。

また、巻一「東宮立《とうぐうだち》」では、「平大納言時忠卿と申も、女院《にょういん》の御せうとなれば、内の御外戚《がいせき》なり。内外につけたる執権の臣とぞ見えし。叙位・除目《じもく》と申も、偏《ひとえ》に時忠卿のまま也。楊貴妃《ようきひ》が幸し時、楊国忠《こくちゅう》が栄へしが如し。世のおぼえ、時のきら、めでたかりき。入道相国、天下の大小事をのたまひあはせられければ、時の人、平関白《へいかんぱく》とぞ申ける」と、楊貴妃の族兄楊国忠のアナロジーで位置づけられている。楊国忠はその名と裏腹に、政治を私した結果、安禄山の乱を引き起こした、博打《ばくち》好きの成り上がり者である。

時忠の過激性は以下の二つの記述によく示されていよう。

此大納言と申は、出羽前司具信が孫、兵部権大輔贈左大臣時信が子なり。故建春門院の御せうとにて、高倉の上皇の御外戚なり。世のおぼえ、ときのきら目出たかりき。入道相国の北方、八条の二位殿も姉にておはせしかば、兼官・兼職思ひのごとく、心のごとし。さればほどなくあがって、正二位の大納言にいたれり。検非違使別当にも、三ケ度までなりたまふ。此人の庁務のときは、窃盗・強盗をば召しとッて、様もなく右のかいなをば、うでなかより打落とし打落とし、追ひ捨らる。されば悪別当とぞ申ける。（巻一二「平大納言被流」）

平大納言時忠卿、其時《その》はいまだ左衛門督《さえもんのかみ》にておはしけるが、上卿《しょうけい》にたつ。大講堂の庭に、三塔会合して、上卿をとッてひっぱり、「しや冠《かぶり》うち落せ。其身を搦《からめ》て湖に沈めよ」なンどぞ僉議《せんぎ》しける。既にかうと見えられけるに、時忠卿、「暫《しばらく》しづまられ候へ。衆徒の御中へ申べき事あり」とて、懐《ふところ》より小硯《こすずり》、たたうがみをとり出《いだ》し、一筆《ひとふで》かいて、大衆《だいしゅ》の中へつかはす。是《これ》をひらいて見れば、「衆徒の濫悪を致すは、魔閻《まえん》の所行也。明王の制止を加《くわう》るは、善政の加護也」とこそかかれたれ。是を見て、ひッぱるに及ばず。大衆皆尤《もつとも》々《もつとも》と同じて、谷々へおり、坊々へぞ入《いり》にける。一紙一句をもって、三塔三千の憤《いきどおり》をやすめ、公私の恥をのがれ給へる時忠卿こそゆゆしけれ。
（巻一「内裏炎上《だいりえんしょう》」）

延慶本（第六末「平大納言時忠之事」）では、摂関政治時代の「悪別当」源経成《つねひら》の例が参照されているが、経成は獄舎が火災を起こした時に囚人を見殺しにしたために「其後別当被失《うせられ》ニケル時、カノ獄囚ノ音、耳ニアルガ如ニキコユルトテ、臨終モ心ヨカラズアリケリ」（『十訓抄』一〇・七八話）とされている人物である。この文脈を参照するなら、ここで編者が時忠を称揚しつつ、他方で「罪業深き人間」として形象化する面を持っていることも明らかだろう。

貴族社会の外部からの眼差し

彼の「悪別当」性は検非違使別当の職務に過剰に熱心であったという印象を与えるが、物語ではこの過剰性は別の方面でも発揮されている。たとえば、安徳天皇が三歳で即位した時、人々が「あはれいつしかなる譲位かな」と批判したのに対して、時忠が、

今度の譲位、いつしかなりと誰かかたむけ申べき。異国には、周《しゅう》成王三歳、晋穆帝《しんぼくてい》二歳、我朝には、近衛院三歳、六条院二歳、これみな襁褓《きょうほう》のなかにつつまれて、衣帯をただしうせざッしかども、或は摂政負ふて位に即《つ》け、或は母后《ぼこう》いだいて朝《ちょう》にのぞ

むと見えたり。後漢の高上《こうしょう》皇帝は、むまれて百日といふに践祚《せんそ》あり。天子位をふむ先蹤《せんしょう》、和漢かくのごとし。

と主張したこと、しかしそれに対して有職故実《ゆうそくこじつ》を知る人々が「あなをそろし、物な申されそ。さればそれはよき例どもかや」とつぶやきあったことが記されている（巻四「厳島御《いつくしまご》幸《こう》」）。また、都落ち後、京で高倉院の四宮＝後鳥羽《ごとば》院が即位した際にも、皇位に還俗《げんぞく》の宮がつくことの適性をめぐって、時忠が長広舌《ちょうこうぜつ》を振るう場面がある（巻八「名虎《なとら》」）。有職故実の我流の流用、見識もないのに公家流を振り回す、成り上がり者一流のいかがわしさ・キッチュさこそ、物語における時忠の身上であった。その意味では彼は院政期初期の文人・大江匡房《おおえまさふさ》のような「文狂《ふみぐるい》」とも一脈通じるイメージを付与されているのである。

また、彼の強気を表す説話としては、都落ち後の平家に派遣された後白河院の使者の顔に焼き鏝《ごて》を押した説話が知られる。

平大納言時忠は、御坪《おつぼ》の召次《めしつぎ》花方を召して、「なんぢは花方歟《か》」。「さん候」。「法皇の御使に、おほくの浪路をしのいで是《これ》まで参りたるに、一期《いちご》が間の思出ひとつあるべし」とて、花方がつらに、浪方といふやいじるしをぞせられける。都へのぼりたりければ、法皇是《これ》を御覧じて、「よしよしちから及ばず、浪方とも召せかし」とて、わらはせおはします（巻一〇「請文《うけぶみ》」）。

彼のこのような過剰性はもともと彼が貴族社会の外部の存在であったことに由来するものであろう。しかしその外部性は困難な状況にあってもさまざまな戦略や人脈を駆使して生存の道を探るしたたかさとなって表現されることもある。彼が都落ち後も外交的に生き延びる可能性を考えていたことは前述したが、『平家』では時忠が三種の神器のみならず、「印鑰《いんやく》、時《とき》の札《ふだ》・玄上《けんじょう》・鈴鹿なんどもとり具せよ」と指示したことが記されている（巻七「主上都落」）。また、壇ノ浦では、内侍所を開こうとした武士が「たちまちに目くれ、鼻血たる」という事態が起き、すでに捕えられていた時忠が「あれは内侍所のわたらせ給ふぞ。凡夫《ぼんぶ》は見たてまつらぬ事ぞ」と言ってその安全を守ったことになっている（巻一一「能登殿最期《のとどのさいご》」）。さらに、彼が敵将の義経《よしつね》を婿に取るという離れ業については、物語は以下のように記している。

平大納言《へいだいなごん》時忠卿父子も、九郎判官の宿所ちかうぞおはしける。世の中のかくなりぬるうへは、とてもかうてもとこそ思はるべきに、大納言猶《なお》いのちをしうや思はれけん、子息讃岐《さぬき》中将をまねいて、「散らすまじきふみどもを一合《いちごう》、判官にとられてあるぞとよ。是を鎌倉の源《げん》二位に見えなば、人もおほく損じ、我身もいのちいけらるまじ。いかがせんずる」との給へば、中将申されけるは、「判官はおほ方もなさけある物にて候なるうへ、女房なンどのうちたへなげく事をば、いかなる大事をも、もてはなれぬとうけ給はり候。なにかくるしう候べき、ひめ君達あまたましまし候へば、一人見せさせ給ひ、したしうならせおはしまして後、仰らるべうや候らん」。（中略）さきの腹の姫君の、廿三になり給ふをぞ判官には見せられける。（中略）みめかたちうつくしう、心ざま優《ゆう》におはしければ、判官さりがたう思ひたてまッて、もとのうへ、河越《かわごえ》太郎重頼《しげより》がむすめもありしかども、これをば別の方、尋常《よのつね》にしつらうてもてなしけり。さて、女房、件《くだん》のふみの事をの給ひ出されたりしかば、判官あまッさへ封をもとかず、急ぎ時忠卿のもとへおくられけり。大納言なのめならず悦《よろこ》ンで、やがて焼きぞ捨てられける。いかなるふみどもにてかありけん、おぼつかなうぞ聞えし。（巻一一「文之沙汰《ふみのさた》」）

義経と結ぶという行為が一《いち》の谷《たに》や壇《だん》ノ浦《うら》で滅んでいった平家一門と対照的であることはいうまでもない。彼の真意がどこにあったのかは知るべくもないが、この説話は後世の人々が時忠・義経の二人を、検非違使という多重所属的な属性によって結びつける形で記憶した事実を示しているだろう。

検非違使文学の中の時忠・義経

二人を検非違使文学の系譜という線上で結ぶ、もう一つの証言として、巻一二「土佐坊被斬」における以下の説話がある。文治元年（一一八五）、平家を滅ぼした後、頼朝と不和になり、検非違使判官として京に滞在していた義経の邸に頼朝の放った刺客《しかく》、土佐坊昌俊《とさのぼうしょうしゅん》が夜討《ようち》をしかけてきた時のことである。

判官は、磯禅師といふ白拍子のむすめ、しづかといふ女を最愛せられけり。（中略）しづか申けるは、「大路は皆武者でさぶらふなる。是より催しのなからんに、大番衆の者ども、これほどさはぐべき様やさぶらふ。あはれ是はひるの記請法師のしわざとおぼえ候。人をつかはして見せさぶらはばや」とて、六波羅の故入道相国の召しつかはれけるかぶろを三四人つかはれけるを、二人つかはしたりけるが、程ふるまで帰らず。中々女はくるしからじとて、はしたものを一人見せにつかはす。程なくはしり帰ッて申けるは、「かぶろとおぼしきものはふたりながら、土佐房の門にきり臥せられてさぶらふ。」（後略）

静の機転により、義経方は夜討を免れることができたわけだが、ここで静が「かぶろ」（＝「禿髪」）を使役できるのは、その権限を平家一門から義経が継承していたからであろう。その命令者が変わっても、「かぶろ」的な存在が京における物語の連環をつなぐ蝶つがいになっていることがわかる。五味文彦氏は「かぶろ」＝「禿髪」説話の起源を、清盛が応保元年（一一六二）正月から一年八ヶ月間、検非違使別当をつとめたことに求めている。確かにその可能性も考えられるが、前述のように清盛の別当時代、時忠は佐を務めており、さらに清盛の福原退穏後、検非違使別当として「かぶろ」を使役する権限を長く得ていたのも時忠であった。この説話は平安京の検非違使文学の系譜上において、時忠と義経が見えないつながりを持っていることを、別の側面から示しているのではないだろうか。

以上、『平家』が検非違使の持っている過剰性、多重所属性をさまざまな形で表現していることを見てきた。これまで紹介してきた箇所以外でも、検非違使は『平家』の平安京を舞台とするさまざまな場で見え隠れする（巻一「鹿谷《ししのたに》」等の平判官康頼、巻五「文学《もんがく》被流《ながされ》」で文学〈文覚〉と格闘する「資行判官《すけゆきほうがん》」、巻八「鼓判官《つづみほうがん》」の鼓判官知康《ともやす》、巻一二「紺掻之《こんがきの》沙汰《さた》」で義朝の頸《くび》を「紺かき」の男に与えた「時の大理《だいり》」等）。さながら『平家』は検非違使文学の一大集成の観があり、その観点からの『平家』研究を深めることは、治安維持権力と文学（小説）という世界文学の普遍的テーマともつながる興味深い問題を提起するだろう。しかし本章ではとりあえず、『平家』における平家一門の過差や暴力のイメージの起源が、平時忠が掌握していた時代の検非違使に対する人々の記憶を通して形成された可能性を指摘するにとどめておきたい。

変貌する清盛

清盛の人格的スキャンダル

政治的悪行から人格的「おごり」へ

「『平家物語』の中の清盛」の章で、『平家』が清盛を数多の悪行を犯し、その因果により滅んだ人物と位置づけていること、その悪行とは、十二世紀当時の政治文化理念であった王法・仏法相依論の枠組みを侵害する行為（第一「殿下乗合《てんがののりあい》」、第二「法皇被流《ほうおうながされ》」、第三「福原遷都」、第四「奈良炎上《ならえんしょう》」）をさしていること、等を見てきた（なお、鎌倉幕府の起源を叙述した歴史書『吾妻鏡』は冒頭に、治承四年四月に発せられたとされる以仁王の令旨の文言を掲載している。その中で清盛は、七世紀に天武天皇と位を争って敗れた大友皇子、及び仏法に敵対して聖徳太子に滅ぼされた物部守屋になぞらえられており、『平家』における位置づけと符合する）。しかし、『平家』における清盛に対する否定的な印象は、以上のような政治的レヴェルにとどまるものではない。むしろ、後世の人々が清盛に対して持っている印象は「おごり」「わがまま」といった、人格レヴェルの否定性であった。王法・仏法相依論が政治的理念として実効性を失った十六世紀以後においても、この人格レヴェルの否定的イメージは拡大してゆき、「おごる平家」に象徴される型が確立されていったのである。他方、知識人の間では、清盛の政治的行為に対して、特に後白河院との関係についてある種の見直しが行われるようになる。そして、近代以後、清盛は一方では皇室に対して不敬を働いた人物として指弾される一方、迷信に覆われた時代の常識を覆し、進取《しんしゅ》の気象《きしょう》で日本を開いていこうとした人物として肯定的に評価されるにいたる。本章ではそのような「変貌する清盛」の諸相について見ていきたい。

『平家』の中で、清盛の人格・性格に対する印象的な叙述がなされている箇所がいくつかある。ここではそれらのうち、「教訓状《きょうくんじょう》」「祇王《ぎおう》」「俊寛《しゅんかん》」の三ヵ所について見てみよう。

賢い子、愚かなる父

まず、治承元年（一一七七）平家一門を打倒する陰謀が発覚し、首謀者である藤原成親《なりちか》、西光《さいこう》法師、俊寛、康頼《やすより》等が捕縛される、いわゆる鹿《しし》の谷《たに》事件が起きた。しかし、この陰謀の背後には後白河院の意思が働いていたのであり、清盛の怒りは後白河院に対しても向けられた。しかし、このような清盛の法皇幽閉への動きに対して、彼の長子でいつも沈着冷静な重盛《しげもり》が介入する。

小松殿、烏帽子直衣《えぼしのうし》に大文の指貫《さしぬき》そばとッて、ざやめき入給《いり》へば、事の外《ほか》にぞ見えられける。入道ふし目になッて、「あはれ、例の内府が世をへうする様《よう》にふるまう。大に諫《いさめ》ばや」とこそ思はれけめども、さすが子ながらも、内には五戒をたもッて慈悲を先とし、外《ほか》には五常をみだらず礼義をただしうし給ふ人なれば、あのすがたに、腹巻を着て向はむ事、おもばゆうはづかしうや思はれけむ、障子をすこし引立てて、素絹《そけん》の衣を腹巻の上にあはて着に着給ひけるが、むないたの金物《かなもの》のすこしはづれて見えけるをかくさうど、頻《しきり》に衣のむねを引ちがへちがへぞし給ひける。（巻二「教訓状」）

落ち着き払った重盛に対して、すでに出家の身でありながら鎧《よろい》を着し、しかもそのことに後ろめたさを感じ、隠そうとしてうまくいかない老父清盛。この対象は視覚的で印象的であり、この場面の読み方について、読者に明確なメッセージを発しているものといえよう。また、重盛が忠孝の道徳を父親に説く有名な場面の後、帰宅した重盛は兵を集め、清盛に対する牽制《けんせい》を行う。重盛の動きを伝え聞いた清盛は不安になる。

其時《その》入道大《おおき》に驚き、貞能《さだよし》を召して、「内府《だいふ》は何と思ひてこれらをば呼びとるやらん。是で言ひつる様に入道が許へ討手なンどやむかへんずらん」との給へば、貞能涙をはらはらと流いて、「人も人にこそよらせ給へ。争《いかで》かさる御事候べき。今朝是にて申させ給ひつる事共も、みな御後悔ぞ候らん」と申ければ、入道、内府に中たがふてはあしかりなんとや思はれけん、法皇迎へまいらせんずる事も、はや思とどまり、腹巻脱ぎをき、素絹の衣に袈裟うちかけて、いと心にもおこらぬ念珠してこそおはしけれ。

（巻二「烽火《ほうか》之沙汰」）

「いと心にもおこらぬ念珠」という表現に、さきの引用部分にも劣らず、清盛を戯画化しようというテクストの志向を読み取ることができる。結局、鹿の谷事件の全体を通じて、後白河院の陰謀加担の責任は前景化されず、わがままで感情的な清盛と時代の良心としての重盛の対比ばかりが強調される。この後、重盛は父親の悪行を愁い、平家の未来に絶望して死を願うようになる。病気になった重盛に対して、清盛は宋国から来た名医の治療を受けるように勧めるのだが、重盛はそれを受け入れない。その理由は以下のとおりである。

図７　平重盛（『天子摂関御影』より，宮内庁書陵部所蔵）

もしかの医術によッて存命せば、本朝の医道なきに似たり。医術効験なくんば、面謁所詮なし。就中《なかんずく》本朝鼎臣《ていしん》の外相《げそう》をもッて

異朝富有の来客にまみえん事、且《かつ》は国の恥、且は道の陵遅《りょうち》也。たとひ重盛命は亡《ぼう》ず
といふ共、いかでか国の恥をおもふ心を存ぜざらん。（巻三「医師問答」）

重盛の拒否の背後には死を願う気持ちがあるわけであるが、日本の医師に直せない病気を外国の医師が直したら日本の恥だ、という言葉は小国のナショナリズム以外のものではない。しかしテクストはこの重盛の言葉を肯定的に位置づけて、これを聞いた清盛も、「是程国の恥を思ふ大臣、上古にもいまだ聞かず。まして末代にあるべし共覚えず。日本に相応せぬ大臣なれば、いかさまにも今度失せなんず」といって、泣く泣く急ぎ都へ上ったとされている。「日本に相応せぬ大臣」という評価は、重盛の言葉が大国の大臣にふさわしいものであり、清盛の行為が小国の行為だという解釈に基づく。物語は清盛の日宋貿易に関しては多くを語らないが、この医師を推薦したのが清盛であったことを考えると、清盛の現実的な国際主義と重盛の観念的なナショナリズムの間で、せめぎあいが起きていることがわかる。しかし、最終的に清盛も重盛の言葉を承認しているのであり、物語は重盛の論理に共鳴するよう、読者にメッセージを発しているのである。

おごる清盛1　「祇王」説話

清盛の戯画化という点でもっとも甚だしいのが「祇王《ぎおう》」の説話である。この説話は、

入道相国《にゅうどうしょうこく》、一天四海をたなごころのうちに握り給ひしあひだ、世のそしりをも憚《はばか》ら

ず、人の嘲《あざけ》りをもかへりみず、不思議の事をのみし給へり。（巻一「祇王」）という文言で始まる。これも「祇園精舎」同様、清盛を悪人として読むことを読者に呼びかける文章になっているといえる。

周知のように、白拍子《しらびようし》の祇王が清盛の寵愛を受けているところに、加賀国から別の白拍子・仏御前《ほとけごぜん》が推参し、清盛の心が一気に仏御前の方に傾き、そのために祇王が捨てられてしまうことになる。当初、清盛は仏御前に会うつもりはなく、

「なんでうさやうのあそびものは、人の召しに従ふてこそ参れ。左右《そう》なふ推参するやうやある。其上《そのうえ》、祇王があらん所へは、神とも仏ともいへ、かなふまじきぞ。とふ罷出《まかりいで》よ」

と言って追いかえそうとする。ところが祇王が同業者としての同情から仏御前への見参を勧めると、「いでいでわごぜがあまりに言ふ事なれば、見参《げんざん》してかへさむ」といい、祇王とともに仏御前に見参するのである。ところが、仏の舞を見た清盛は、彼女に心を移してしまい、仏が祇王に遠慮しているのを知って、却って祇王を追い出してしまう。

仏御前、「こはされればなに事さぶらふぞや。もとよりわらはは推参《すいさん》のものにて、出《いだ》されまいらせさぶらひしを、祇王御前の申しやうによつてこそ、召しかへされてもさぶらふに、かやうに召し置かれなば、祇王御前の思ひ給はん心のうちはづかしうさぶら

ふ。はやはやいとまをたふで、出させおはしませ」と申ければ、入道、「すべてその儀あるまじ。但《ただし》祇王があるを憚るか。その儀ならば、祇王をこそ出さめ」とぞの給ひける。仏御前、「それ又いかでか、さる御事さぶらふべき。諸共に召し置かれんだにも、心憂ふさぶらふべきに、まして祇王御前を出させ給ひて、わらはを一人召し置かれなば、祇王御前の心のうち、はづかしうさぶらふべし。をのづから後迄忘れぬ御事ならば、召されて又は参るとも、けふは暇《いとま》をたまはらむ」とぞ申ける。入道、「なんでうその儀あるまじ。祇王とうとう罷出《まかりいで》よ」と、お使かさねて三度までこそ立てられけれ。

この説話では、心やさしい白拍子たちの悲劇と、他者の気持ちを理解することのできない、好色でわがままな権力者・清盛の言動が対比されている。

この話の末尾には、

四人一所《いっしょ》にこもりゐて、あさゆふ仏前に花香《はなこう》をそなへ、余念なくねがひければ、遅速こそありけれ、四人のあまども、皆往生の素懐をとげけるとぞ聞えし。されば後白河の法皇の長講堂《ちょうこうどう》の過去帳にも、「祇王・祇女・仏・とぢらが尊霊《そんりょう》」と、四人一所に入られけり。あはれなりし事どもなり。

とあり、後白河院の寺院・長講堂で語られた唱導《しょうどう》文学の枠組みを備えている。後白河院は今様《いまよう》や白拍子等の新しい芸能を愛好したことで知られており、おそらく長講堂は彼女ら女性芸能者が結縁する場所として自身を位置づけ、この説話を形成したのであろう。この説話の魅力は、不安定な愛情に左右される女性芸能者の境涯に対する深い関心に基づくものであろう。しかし、独立した説話として享受される限りでは、彼らの運命を左右する権力者が清盛である必然性はないはずである。この説話の敵役《かたきやく》に清盛が選ばれた理由はわからないが、いずれにせよ清盛の「わがまま」な印象を作り上げるのに、この説話が絶大な効果を発揮していることは疑いえないところであろう。

おごる清盛２　「俊寛」説話

人情を解さない清盛という形象は、鬼界《きかい》が島の俊寛《しゅんかん》説話にも見ることができる。鹿の谷事件で成経《なりつね》、康頼《やすより》、俊寛の三人が鬼界が島に流された一年後、清盛の娘の建礼門院徳子《けんれいもんいんとくこ》の御産に際してさまざまな怨霊が顕れたのに対して、重盛は清盛に、成経を赦免する建言を行う。

入道相国日ごろにも似ず、事の外にやはらひで、「さてさて俊寛と康頼法師が事はいかに」「それもおなじう召しこそかへされ候はめ。若一人《もしいちにん》も留められんは、中々罪業《ざいごう》たるべう候」と申されければ、「康頼法師が事はさる事なれ共、俊寛は随分入道が口入《じゅう》をもって人となッたる物ぞかし。それに所しもこそ多けれ、わが山庄、鹿の谷に城《じょう》墎《かく》をかまへて、事にふれて奇快のふるまひ共《ども》が有《あり》けんなれば、俊寛をば思ひもよらず」とその給ひける。（巻三「赦文《ゆるしぶみ》」）

重盛の「若一人も留められんは、中々罪業たるべう候」という言葉にも関わらず、清盛は俊寛一人を島に留めおく決定を下す。その結果、鬼界が島では以下のような場面が展開されることになる。

ともづなといてをし出《いだ》せば、僧都《そうず》綱に取《とり》つき、腰になり脇になり、たけの立《たつ》まではひかれて出《いで》、たけも及ばず成《なり》ければ、舟に取つき、「さていかにをのをの、俊寛をば遂に捨《すて》はて給ふか。是程とこそおもはざりつれ。日比《ひごろ》の情も今は何ならず。ただ理をまげて乗せ給へ。せめては九国《くこく》の地まで」とくどかれけれ共、都の御使、「いかにもかなひ候まじ」とて、取つき給へる手を引《ひき》のけて、舟をばつゐに漕出《こぎいだ》す。僧都せん方《かた》なさに、渚《なぎさ》にあがりたふれ臥し、おさなき者の、乳母や母なンどを慕ふやうに足摺をして、「是《これ》乗せてゆけ、具してゆけ」と、おめきさけべ共、漕行舟の習にて、跡は白浪ばかり也。（巻三「足摺《あしずり》」）

「おさなき者の、乳母や母なンどを慕ふやうに足摺をして」という表現が、極限状態につきおとされた俊寛の悲しみを表現してあまりある。その後周知のように、俊寛の弟子・有王《ありおう》がはるばる都から俊寛を尋ねにやってき、餓鬼のごとくやせさらばえた俊寛に再会、俊寛は有王に看取られて死に、有王は俊寛の遺骨を首にかけて全国を行脚し、其の菩提を

弔ったことになっている。そして、巻三「僧都死去」の末尾は、
　か様《よう》に人の思歎《おもいなげ》きのつもりぬる、平家の末こそおそろしけれ。
という文言で閉じられている。清盛の悪行は政治的なものだけではなく、政治的な行為に付随して「人の思歎き」を積らせたことがその滅びの原因であると指摘されているのである。史実の上では俊寛がこの赦免以前に死去していた可能性も指摘されており、三人のうち彼一人が赦免から漏れ、一人で島に残るよう清盛が決定を下したとする記録はない。これが事実でないとすれば、物語編集者の構想力に敬服せざるをえないが、その構想力が清盛を実物以上の悪人として、数百年以上にわたって流通させてきた影響力の深刻さにも、思いを致さないわけにはいかないであろう。

おごる清盛3　「常葉」説話

　他方、清盛が感激しやすい、情にもろい人物であることは、徳大寺実定《とくだいじさねさだ》が清盛の信仰する厳島《いつくしま》神社に詣でることで官位を得ることに成功したとする、巻二「徳大寺厳島詣」に指摘されている（「入道相国はことに物めでし給ふ人にて、わが崇《あがめ》給ふ御神へ参ッて、祈《いのり》申されけるこそうれしけれとて、よきやうなるはからひもあんぬと覚《おぼえ》候」）。徳大寺が厳島に参詣したことを厳島内侍からきいた清盛は、
　其時入道うちうなづいて、「あないとをし。王城にさしもたっとき霊仏・霊社のいく

らもましますをさしをいて、我崇《わがあがめたてまつ》奉る御神《おんかみ》へ参ッて、祈申されけるこそ有がたけれ。是ほど心ざし切《せつ》ならむ上は」（巻二「徳大寺厳島詣」）

と感激し、早速彼を左大将に任じるのである。

彼が本来冷酷な人物でなかったことは、平治の乱で源氏の大将、義朝の遺児をすべて助命したことにもっとよくあらわれているだろう。古態本の『平治物語』には、

六波羅の人々、「いかにかやうに、御心よはき事をば仰られさぶらふぞ。此少者《このおなさきもの》ども三人が生立なば、末の世、いかなる大事をか引出し候はんずらむ。御子孫の為こそ、いたはしけれ」と諫《いさめ》ければ、清盛、「たれもさこそは思へ共、おとなしき兵衛佐《ひようえのすけ》を、池殿《いけどの》たすけんと申さるるうへは、成人の頼朝をばたすけて、おさなき者をばきらん事、其謂《そのいわれ》、さかさまなるべし。いひてもいひても、頼朝が死生によるべし」とぞ、の給ひける。（九条家旧蔵本『平治物語』下「常葉《ときわ》六波羅に参る事」）

と記されている。しかし、この三子助命の話も、後出本になると、常葉の色香に迷ったためという卑俗化が施されるようになる。

太宰大弐《だざいのだいに》清盛は、常葉が姿を見たまひてより、由《よし》なき心ぞ移られける。清盛、宣《のたま》ひけるは、「勅定にて候へば、大方執り行ふにてこそ候へ。さればとて、いかでか情けなきことは候ふべき」とて、景綱《かげつな》がもとへ帰されけり。その後、常葉のもとへ御文を

遣されけれども、御返事も申さねば、「三人の幼い者どもを助け置くべし。従はずは、眼の前にて失ふべし」と宣ひければ、常葉、なほ御返事をも申さず。母の尼君、言ひけるは、「幼い人々、尼が命を助けんと思はば、仰せに従ふべし」と、様々に言ふあひだ、「さすが幼い人々の命も惜しく、母の命をも背きがたし」と思へば、御返事申して、敵の命にぞ従ひける。（古活字本『平治物語』下「常葉六波羅に参る事」）

重盛、祇王、常葉等の心清く気高い人々に対比されるわがままな権力者として、清盛のイメージは流布していくのである。

『平家物語』の民衆化と清盛

中世後期の主な文学ジャンルである謡曲、幸若《こうわか》舞曲、お伽草子《とぎぞうし》等について考えてみよう。清盛が登場する謡曲には、「鞍馬天狗《くらまてんぐ》」「千手《せんじゅ》」「舟弁慶《ふなべんけい》」「仏原《ほとけのはら》」「俊寛《しゅんかん》」「景清《かげきよ》」「小原御幸《おはらごこう》」などがあるが、既存の彼のイメージから大きな飛躍はない。

人柱伝説と清盛

他方、幸若舞曲には「硫黄《いおう》が島」「常葉問答」「未来記《みらいき》」等があるが、特に「築島《つきしま》」で、清盛イメージの新たな展開が見られる。この曲では、清盛が念願の大輪田泊《おおわだのとまり》修築のため、道行く人々を捕縛して三十人の人柱に立てようとするが、捕縛された一人の親族の自己犠牲的な愛情の発露に感動して、その政策を中止するに至った経緯を語っている。清盛の暴君ぶりは、たとえば人柱政策の実行に際して、部下に命令した言葉、やあ、此事《このこと》披露有べからず。何としても、此島の就成すべき事こそ、幸いなれ。（中略）それ善悪の二法と言っぱ、裏と表のごとし。今、この島の人柱に立ちなむ者も、必ず過去の宿縁なくしては、いかに思ふとよも取られじ。さりながら、人柱を一度に取らば、顕れて、路次を止めて悪かりなん。時々取れ（『築島』）

に顕れている。しかし、彼が本来情にほだされやすい人物であることは、人柱にされることになった修行者の娘婿が面会を求めに来たのに対して、

やあ、あれは、何と言ひたる訴訟ぞや。総じて人柱の行方とて、尋ね来たらん者に、案内をも知らせ、音信をも言はせたらん者を、やがて取つて、人柱に立つべしと、定め置きたるに、誰が計らひによつて、是迄は来たりけるぞ。汝も思ふても見よ。三十人の人柱を、一人哀れみ取り替へば、自余の恨みはいかがせん。なかなか思ひも寄らぬ事なれども、余りに汝が生涯に懸けて申所の不便なれば、明々日を相待ちよ。そつと見参さすべし（同上）

という言葉にも顕れていよう。覚一本『平家』では、清盛は人柱を立てるのに反対して取りやめさせた人物であるはずなのだが、ここでは反対に、周囲の反対を押し切って人柱に固執する。とはいえ、それは築島に対する執念のなせることであり、結局は情にほだされて人柱を取りやめるに至る。悪逆無道の独裁者でありながら、どこか憎めない天真さを持

っているのである。

アメリカ合衆国の日本文学研究者であるハルオ・シラネ氏は、あるテクストがカノン化される（古典としての地位を獲得する）過程における民衆化の契機を重視し、以下のように論じている。「『源氏物語』のカノン化はこれまで、原典あるいは異本の保存・復元に努める研究者や批評家の敬虔主義的態度に多くを負ってきた。（中略）しかし『源氏物語』の人気が続いてきたのは――『源氏物語』が非エリートに、きわめて多彩なサブカルチャーに浸透し、また利用されてきたのは――かなりの部分、絶えず自分自身にとっての新たな『源氏物語』を創造しつづける作家や劇作家、映画作家、マンガ家といった人たちの共食い的受容のおかげである」（同編『越境する日本文学研究』勉誠出版、二〇〇九年）。この意味では『平家物語』の人気の秘密も、初発の段階では存在しなかった説話が次々と増補・改作されていくその柔構造の中に求めるべきなのであろう。中世後期の文芸においては、中世前期の軍記物語に取材した、元来は悲劇的色彩が強かった話題が喜劇化されていく傾向があり、これもその流れの中にあるものである。とはいえ、喜劇化は悲劇の中で形成された人物造形の枠組みを前提とするものであり、それを根本から改変するものではなかった。既存の王法仏法に対する反逆性はここでは忘却されているが、清盛に対する否定的な性格像だけは残り、さらに拡大されている。民衆化はここでは既存の枠組みを草の根レヴエルに広げる意味を果たしているのである。

長者伝説と清盛

『平家』の普及と時代の変化により、清盛の「悪行」イメージはさまざまな形で変容していった。十六世紀末、イエズス会の天草学林《あまくさがくりん》で出版されたいわゆる天草本『平家』では、従来彼の「悪行」とされてきた行為①②③④（五二頁）の中、「殿下乗合《てんがののりあい》」事件以外すべて削られており、王法仏法《おうほうぶっぽう》的枠組みが崩れていることがわかる。にもかかわらず、巻第一冒頭には「まず平家物語の書き初めにはおごりをきはめ、人をも人と思はぬやうなる者はやがて滅びたといふ証跡に、（中略）さて六波羅《ろくはら》の入道前《さき》の太政大臣清盛公と申した人の行儀の不法なことをのせたものでござる」とあり、祇王説話や鹿の谷事件の顛末が詳しく記されている。「悪行」が後退・拡散し、「おごり」が全面化するといえようか。

また、『摂陽群談《せつようぐんだん》』等近世の地誌における「築島」伝説（巻第五「島の部　経《きょう》之《の》島《しま》」〈大日本地誌大系、雄山閣、初版一七〇一年〉）は、築島山来迎寺の縁起とも連動し、基本的に前述の幸若『築島』の線で記述されている。他に『平家』諸本には存在しない、清盛が扇で日を呼び返した話が普及し、『理斉随筆』（志賀忍）刊本の巻之三「あまの岩戸」条（巻之三「あまの岩戸」〈『日本随筆大成』第三期1、吉川弘文館、初版一八二三年〉）には、その挿絵に「暴《ぼう》威《い》抽炎日《えんじつをぬく》」という題が付されている（寛政七年〈一七九五〉十一月江戸桐座上演

図８　『理斎随筆』より

「源平柱礎暦《はしらごよみ》」等で歌舞伎化もされている）。

一九二〇年代、島津久基《しまづひさもと》氏はこの伝説を考証し、『淮南子《えなんじ》』の魯陽公《ろようこう》説話が起源であること、列島各地の長者伝説に類似の話型（人々を強制的に使役し、没落する）が存在することを論じたが、最後に、

清盛にしても此の長者達にしても、魯陽公の場合とは余程趣を異にして、全く単なる我欲、自己の個人的、ブルジョア的遊戯心の満足、乃至、自己の絶対の威力についての幻想に沈《ちん》湎《めん》するということの他には、何ものもない。日輪の怒らせ給うのも、洵《まこと》に所以《ゆえん》ありである。してみると、浄海入道が大熱がりに苦しんで、とうとう命まで奪《と》られたのも、火の病

というのは嘘で、実は日の病だったのかもしれない。と、筆誅（？）を加えている（「日を返す話　付魯陽公と陵王」〈『羅生門の鬼』東洋文庫、初出一九二九年〉）。島津氏がどこまで本気かわからないが、この記述は執筆当時の国民の平均的な清盛イメージをふまえたものであったのであろう。

近世演劇の中の清盛

また、近世演劇（浄瑠璃《じょうるり》・歌舞伎《かぶき》）においては、『平家』を「世界」とする時代物が数多くつくられた。たとえば、『孕常盤《はらみときわ》』は近松門左衛門《ちかまつもんざえもん》作の五段の浄瑠璃で、宝永七年（一七一〇）閏八月、大坂竹本《たけもと》座で初演されている。『源平盛衰記《げんぺいせいすいき》』や『義経記《ぎけいき》』を素材に、『浄瑠璃御前物語（十二段草子）』や謡曲『橋弁慶《はしべんけい》』などの趣向を盛り込んで作られているが、『平家』の知識を前提に、清盛の人間的悪行《あくぎょう》が誇張されて描かれている。

清盛の長男重盛の病が重くなり、一族が清盛の西八条邸に集まっているところに、書写山放火等の罪で捕えられた弁慶が引き出され、牛若を討つよう命じられる（清盛が弁慶を尋問する場面には、「いつはらば是を見よ浄海が此にぎりこぶしにて、しやかうべみぢんにはりくだかんとねめ付給ひし面色は、白いと黒いと弁慶が二人有かとすさまじし」と表現されている）。一方、我が子の命を助けるために清盛の妾になった常盤は、五条の橋で牛若と再会し、彼を討ちにやってきた弁慶はその素姓を知って逆に家来となる。清盛は重盛に宋朝の名医を引き合わせようとするが、重盛はその正体（天狗）を看破し、三年以内の清盛の死を予言する（寿命が三年しかないと知った清盛は「常盤御前も討て捨法皇をるざいに沈め、ひるが小嶋の忰めくらまの山のわつぱをはじめ、かたはしにせめふせん馬にくらをけ物のぐせよ」と荒れ狂い、天狗に憑かれた様子を露わにする）。

清盛によって鳥羽に幽閉されていた後白河法皇は、重盛の死を知り、平家追討の院宣を鈴木兄弟に与える。清盛の子を懐妊した常盤は平家の血をはびこらせぬために脱走し、怒った清盛に処刑されることになる。三条吉次の下で馬の口取りになっていた牛若と別れの言葉を交した常盤は、産婆に扮した弁慶の介添えで赤子を出産するが、赤子は常盤の父親に討たれる。矢作《やはぎ》の宿で長者の娘・浄瑠璃姫と相愛の仲になった牛若は、鈴木三郎から院宣を得、奥州に向けて旅立つ。以上がその梗概である。

ここでは清盛は常盤に対する横恋慕《よこれんぼ》をはじめ、無理難題を押し付ける権力者・完全な悪玉として描かれている（初段の清盛が弁慶に七つ道具を与え、牛若を討ち果たすように命じるという趣向は、吉川英治《よしかわえいじ》の『新・平家物語』に、清盛を時忠《ときただ》に入れ替える形で、一部取り入れられている）。作者は聴衆が清盛が悪玉であることを知っていることを前提としており、その悪玉の押しつけてくる不条理な状況に対して他の登場人物がいかに忍耐し、いかに活路を見出していくのかという点がポイントとなっている。

図9　歌舞伎『平家女護島』より（俊寛＝中村吉右衛門，1995年，国立劇場提供）

　また、『平家女護島《にょごのしま》』は近松門左衛門作の五段の浄瑠璃で、享保四年（一七一九）八月大坂竹本座で初演されている。清盛全盛期の暴逆からその死を経て、頼朝挙兵に至るまでの諸事件を脚色している。初段で清盛は俊寛の妻東屋に横恋慕する。教経《のりつね》・重盛は清盛の暴虐をとどめ、俊寛を救おうとするが（教経は清盛の弟教盛の子で、『平家』では壇《だん》ノ浦《うら》での活躍が印象的だが、ここでは善玉の役どころである）、俊寛は、妻の死を聞き、清盛の家来・瀬尾《せのお》を斬って成経の愛人・千鳥《ちどり》を船に乗せ、自らは島にとどまる（俊寛が自ら島にとどまるこの部分が今でも上演回数が多い）。その後清盛は後白河院をも殺そうとし、備前敷名の浦に連れ出すが、千鳥が身代わりとなり、清盛に殺される。千鳥は亡霊となり、熱病にかかった清盛は二人の女性（東屋・千鳥）の亡霊に悩まされて悶死するに至る。

この筋に源氏再興をはかる常盤・牛若母子の物語が絡んで展開していくのだが、清盛は、鬼界が島の流人俊寛の妻・東屋に横恋慕して死なせ、同じく流人成経の現地での恋人であった千鳥をも死なしめた結果、二人の怨霊によって熱病死することになっている。権力に任せて無理難題をふっかける「おごる」清盛のイメージは誇張され、後白河院を溺死させようとする等、荒唐無稽《こうとうむけい》な言動が多い。観客にとって清盛がすでに一定のイメージを持っていることが前提であり、そのイメージを基に新機軸を出そうとした結果の脚色であろう。ハルオ・シラネ氏の言葉を借りるなら、これも一つの民衆化には違いない。しかしこの民衆化はまさに「俗情との結託」（大西巨人《おおにしきよじん》）というべきものではないだろうか。

なお、幕末には「物怪之沙汰《もつけのさた》」の場面をテーマにしたスペンサー本『百鬼夜行絵巻』が制作されているが、小峯和明氏によれば、この絵巻はアメリカ等の黒船を「物怪」に見立て、清盛を時の江戸幕府の為政者に見立てる意味が込められているということである（「スペンサー本『百鬼夜行絵巻』と幕末の『平家物語』」『文学』七―三、二〇〇六年五月）。ここでも、清盛に対する理解の枠組みが固定していることを思い知らされる。

近世知識人の清盛評価

『大日本史』論賛と清盛

しかし、近世には清盛に対する異なった評価も始まっていた。ここでは代表的な史論における、清盛評価のありようを考えてみたい。まず、徳川光圀《とくがわみつくに》の命で編纂された『大日本史』に安積澹泊《あさかたんぱく》が付した論賛（「大日本史論藪《ろんそう》」）の中で、清盛に関する部分である。

賛に曰く、平清盛は、位、人臣を極め、身、外祖と為《な》りて、震主の威を逞しくし、殺生予奪、意の如くせざるは無し。往時の藤原氏の盛と雖《いえど》も、殆ど過ぐること能《あた》はず。其の故は何ぞや。勤王《きんのう》の労有りて、兵馬の権己れに在ればなり。平治の乱に、首《かしら》として奉迎の謀《はかりごと》を為す。車駕、正に反《かえ》りて、百官、六波羅第に輻湊《ふくそう》す。天子を挟みて以て四方《よも》に号令するは、適々《たまたま》其の勢を成す所以《ゆえん》なり。凡《およ》そ奸雄の事を挙ぐる、必ず都

> を遷して以て其の私を済す。董卓《とうたく》・曹操《そうそう》・朱全忠《しゅぜんちゅう》、是れのみ。清盛は、必ずしも其の為す所に效《なら》はざるも、都を福原に遷せるは、古今、一轍《いってつ》に出づるが如し。（中略）子孫反って源頼朝の夷滅する所と為るは、豈《あに》、天に非《あら》ずや。

『大日本史』は大義名分論を歴史叙述の柱としており、清盛の「悪行」③＝福原遷都を「奸雄」の行為になぞらえているのは、『平家』が清盛の王法に対する「悪行」を非難する姿勢を受け継ぐものであろう（ただし、彼の伝は「叛臣伝」ではなく「諸臣伝」中に配置されている）。また、平家の興隆は「勤王の労有りて、兵馬の権己れに在ればなり」という人事によるものであり、その没落も「人」＝清盛が頼朝を助命したという失策によることが強調されている。さらに、仏法に対する「悪行」④＝奈良炎上については論難されていない。

『読史余論』『日本外史』の清盛

一方、著者不明の注釈書『平家物語抄』では、清盛と後白河院の対立に関して、「入道相国法皇に御うらみを申されし事はみな以《もつて》ことはりにもみえたり」「入道相国は事の外朝家を大事にあかめ給ふ人なりといはんか」と、むしろ清盛を弁護している。また、『大日本史』論賛と同時代の新井白石《あらいはくせき》『読史余論《とくしよろん》』巻上「五変　上皇御政務事」でも、「按《あんず》ルニ上皇清盛ヲ頻《しきり》ニ擢任競セラレシ事ハ其愛子憲仁ヲ立ムト思ヒ玉ヒシ故ニ其力ヲ借ラントノ御事成ベシ此事鳥羽ノ崇徳ヲ廃シテ近衛ヲ立ラレシヨリハ猶《なお》僻事《ひがごと》成ベシ」と、後白河院の「僻事」を痛烈に非難しており、後白河院への非難は一種の常套《じょうとう》となっていく。さらに、十九世紀初頭の頼山陽《らいさんよう》『日本外《にほんがい》史《し》』の「平氏論賛」には、以下のようにある。

外史氏曰く（中略）世に称す、清盛の功その罪を償《つぐな》はずと。不臣の者を挙ぐれば、輒《すなわ》ち称首《しょうしゅ》となす。而《しか》して相家《しょうけ》の不臣、已《すで》に清盛に什倍するを知らず。清盛は蓋《けだ》し視てこれを学ぶ。否《しから》ずんば、則《すなわ》ち何ぞ遽《すみやか》にここに至らん。（中略）且つ清盛のここに至る所以《ゆえん》は、後白河帝のその勢を養成せらるに由るのみ。（中略）帝、先王の名爵を清盛に濫授し、籍《か》りてその私を済せり。而してその功を負ひ上に邀《もと》むるの心を長じ、制す可《べ》からざるに至る。将《まさに》誰を咎めんや。（中略）夫《そ》れ平氏、王家に於て功罪相償ふ。天必ずしもその後を勦絶《そうぜつ》せざるは、則ちこれそれ或は然《しか》らん。

ここでも高位を独占した藤原氏と後白河院が糾弾され、清盛の行為は「将誰を咎めんや」と、全《ほと》ど正当化されている。この書は幕末の尊王攘夷《そんのうじょうい》運動に影響を与えたとして有名だが、清盛の評価に関しては非常に柔軟である。とはいえ、彼の関心はあくまで「天下」の勢にあったのであり、「『平家物語』の中の清盛」の章の末尾で紹介したような、海港の論理の体現者としての清盛については関心の外であったといわざるをえないだろう。

清盛の「悪行」を読みかえる

国定教科書の中の清盛

明治以後、清盛「悪人」説は装いを変えて生き続ける。一九一〇年（明治四十四）一月文部省発行の『尋常《じんじょう》小学日本歴史』巻一（児童用）は、人物中心に日本史を叙述しており、その第十六・十七章を「平清盛」にあてているが、清盛の後半生について、以下のように記している。

平治の乱の後、平清盛の栄達は甚《はなは》だ速《すみやか》にして、未だ十年ならずして遂に太政大臣に任ぜられたり。其の子弟一族もまたそれぞれ高き官位に上り、広き領地を有して栄華を極め、平氏にあらざるものは人にあらずとほこるものさへあるに至れり。（中略）清盛の子重盛は忠孝の心の厚き人なりき。（中略）清盛も之にかへりみ、重盛の存生せる間はやや慎む所もありき。然るに重盛は父に先だちて薨《こう》ぜしかば、清盛はもはや憚《はばか》る所なく、後白河法皇の信任し給へる朝臣の官職を奪ひ、遂には法皇をさへも幽《ゆう》し奉るが如き横暴の行あるに至れり。源氏の一族に頼政といふ人あり。（中略）遂に法皇の御子以仁王《もちひとおう》を奉じて兵を挙げたり。然るに宇治川の戦に敗れて、頼政は自殺し、以仁王は矢にあたりて薨じ給ひき。されども諸国にひそみ居たりし源氏の一族は、王の令旨に従ひて一時に旗を揚げしかば、おごる平家は久しからず、頼政の兵を起せしより僅かに六年にして亡ぶるに至れり。

清盛の「悪行」①②③④のうち、ここでは①③④が消え去り、②＝法皇幽閉のみが強調される一方、「おごる平家は久しからず」という文言が登場している。②が強調されるのは、韓国併合・大逆事件・南北朝正閏問題等、「国体」にかかわる諸事件の前夜であった当時の社会的文脈において、清盛が児童にとっての反面教師的役割を持たされたからであろう。

明治民間史学と清盛

一方、明治後半期には竹越与三郎《たけこしよさぶろう》『二千五百年史』（開拓社、一八九六年）第十七章第百八十八節、高山樗牛《たかやまちよぎゆう》「平相国」（『樗牛全集』第三巻、日本図書センター、初出一九〇一年）ほか、山路愛山《やまじあいざん》『源頼朝』（東洋文庫、初出一九〇九年）第十章、藤岡作太郎「平家物語」（明治文学全集44、筑摩書房、初出一九〇九年）、

辻善之助《つじぜんのすけ》「平清盛論」（日本歴史地理学会『摂津郷土史論』弘文社、一九二七年）などがそれぞれに清盛論の陣を張るようになる。竹越は②を直接批評するのを避ける一方、「清盛が為し、また為さんとせる荘園改革、寺院鎮圧、兵庫遷都の三事は絶大の功業なりし」と早くも③④を肯定した。高山樗牛は彼に近代人の先駆者を見ようとした。山路愛山は『源頼朝論』の「平清盛」の章で、頼朝の先駆者として以下のように論じている。

彼は不幸にして其《その》伝記を鎌倉世盛りの時に書かれしが故に彼の人物は其実際よりも小さく醜く画かれたり。（中略）

彼の晩年は直情径行《ちょくじょうけいこう》の驕児たりき。されど彼は常に陰謀に対する防禦《ぼうぎょ》者にして自ら陰謀の発案者に非《あらざ》りき。彼の人物は陰謀の作者たるよりは大なりき。事業は作者の性格を表はす。試に彼の開鑿《かいさく》したる音戸の瀬戸を見よ。彼の経島の築港を見よ。（中略）当時の公卿が歌枕としてのみ知りたる日本全国の地形を以て自己の政治的野心に利用したる彼の大なる見識に至ては真に後人の歎美を値すべきものなりき。彼は此点に於て先づ頼朝の為す所を為せしものなり。（中略）

清盛の見解ある政治家たりしは独り是のみにあらざるなり。彼は亦《また》海外貿易の利益を知りて之を鼓吹《こすい》したるものなりしが如し。彼は承安元年（一一七一）を以て羊五頭、麝《じゃこうじか》一頭を院に進め、治承三年（一一七九）を以て始めて日本に渡来したる太平御《たいへいぎょ》覧《らん》を天皇に奉れり（『百錬抄《ひやくれんしょう》』）。（中略）彼は上皇厳島御幸《いつくしまごこう》の時も福原より唐人に依りて操縦せられたる唐舟を参らせたり。（中略）彼は多くの点に於て頼朝に遜《ゆず》る所あるも武家の政治を開始したる創業者としては頼朝も亦彼の足跡を歩みたるものなりと謂《い》はざるべからず。

清盛に対する再評価の多くは、彼が武家政治の創始者である頼朝の先駆であることを挙げている。これは明治時代という日本の転形期が、清盛の生きた過去の転形期の記憶を喚起したという事情があるのであろう。

辻善之助の清盛

また、特徴的なことは、多くの論者が清盛に関する記録をそのまま受け取らないことを勧めている点である。たとえば、辻善之助は「清盛を論ずるに当つて注意すべき事は、清盛の伝は清盛の敵の全盛時代に書かれたものが多いと云ふことであります。随《したがつ》て彼を悪様《あしざま》に記したものが多い。加之《しかのみならず》彼を悪く言つた者は、又清盛の生きて居つた時代にも充満《みちみ》ちて居つたのであります。此点は清盛を考へる上に余程頭に入れて見なければならぬ事だと思ふのであります」と述べている。彼は大正時代以後、東京帝国大学にあって実証主義的なアカデミズム史学を推進し、昭和戦争期には平泉《ひらいずみ》澄《きよし》の皇国《こうこく》思想に抵抗した骨太の歴史家の一人である。

また、辻は『源平盛衰記《げんぺいせいすいき》』にある、清盛が澄憲《ちょうけん》の祈雨の効験を嘲笑した逸話や、仏事供養を拒否して頼朝の首を墓前にかけるよう遺言した話（『源平盛衰記』巻第三「澄憲祈雨三百人舞」、および覚一本巻六「入道死去」等）なども、もとの文脈における否定的なニュアンスを転換させ、清盛が当時の思想界を超越していた証拠と見なしている。歴史家カルロ・ギンズブルグの言葉を想起するなら、彼はここで、清盛の「悪行」譚《たん》を「それを生産した者の意図とそれをそれまで利用してきたものの意図に逆らって利用」（ギンズブルグ『歴史を逆なでに読む』〈上村忠男訳、みすず書房、二〇〇四年〉）しているといえよう。他方、彼は清盛が「日宋交通を盛んにして兵庫の築港を起こしたと云ふこと」を、覚一本の人柱説話等を援用しながら紹介し、やはり彼の非凡さの証拠の一つとしている。覚一本「築島」説話は仏法色を払拭され、清盛の「悪行」譚を逆なでする読みの数々と呼応しあい、新しい清盛像の中核をなすに至るのである。

『平家物語』を書きかえる

明治の小説家と清盛

本章では、近代日本の小説家たちが平清盛をどのように描いてきたかということについて検討したい。

山田美妙『平清盛』

明治時代の小説家でいわゆる源平の合戦を取り上げた作家は数多いが、清盛の表象として注目すべきは、硯友社《けんゆうしゃ》出身で明治二十年代に文壇で活躍し、言文一致体《げんぶんいっちたい》の初期の創始者の一人でもある山田美妙《やまだびみょう》（一八六八〜一九一〇）の晩年の小説『平清盛』（千代田書房、一九一〇年）である（彼は若いころから源平合戦を背景とする小説を多作している）。

この小説の冒頭、貧しい激情家の青年清盛は、親戚筋にあたる藤原氏流の中御門《なかみかど》家に金の無心に行く途中、不思議な僧祐真に会い、将来を予言され、激励される。中御門家の主人に嫌味を言われ、帰宅すれば両親の口論の顚末を知らされ、藤原氏が権力を独占している世における自身の境遇の惨めさを痛感する。鎧師《よろいし》に支払う代金の代わりに蓮台野《れんだいの》に狐狩りに行ったものの、親狐が子狐を庇《かば》う必死の姿に感動し、彼らを助けた清盛は、弁財天の加護を受ける身となる。父親忠盛は貧乏のため、典薬《てんやく》の診察を受けることもできず、病死するが、弁財天の加護のおかげか、内裏《だいり》の怪物退治の功を挙げた清盛は安芸守に任命され、運が開け始める。保元の乱前夜、怜悧な家人《けにん》家貞を参謀役に乱を乗りきった清盛は、戦後処理の過程で、敵方についていた仲の悪い叔父の忠正一族を処刑することになり、またその助命を嘆願しに来た忠正の娘夢姫に乱暴し、死なせてしまう。最後、忠正を斬った清盛は涙を流すが、その彼を叱咤するごとく家貞が言う。

「お心根はお麗《うる》はしい。お麗はしいのが、然《さ》りながら、御立身の邪魔でもござる。人情が有り義理が有つて、天下が何《ど》うして取れ申そ。（中略）平馬助殿のお子達をも、見そなはせや、此所《ここ》にまだ四人《よつたり》、一思ひに遊ばさぬか。」

家貞に子どもたちの処置を任せた清盛は、叔父の血まみれの死骸に近づき、「嗚呼《ああ》、此手足も父君のと一つ血か」と呟き、夕立ちと雷鳴の到来の中で「世の終り人情の終りである」という言葉で小説は結ばれている。

山田美妙と吉川英治

吉川英治の『新・平家物語』は、規模においては比較にならぬスケールの大きな作品だが、若き日の清盛の鬱屈した姿や、狐を助ける場面、保元《ほうげん》の乱《らん》の戦後処理で叔父の忠正を斬る修羅場《しゅらば》などは、この山田美妙作の影響を受けている。その意味で、『平家物語』の共食い的受容（ハルオ・シラネ氏）の歴史の中で、無視できない作品であるといえよう。もっとも、吉川英治作品ほど、語り手は清盛の視点に同一化しておらず、激情家で流されやすく危なっかしい清盛の姿が強調されている。この小説が執筆された時代には、すでに前述の高山樗牛や山路愛山の清盛論は出ており、清盛に対する再評価は始まっていた。この小説も、『源平盛衰記』のエピソードを活用しつつ、悪魔との契約による異常な出世というファウスト的な話型の枠組みにそってストーリーが展開しており、また金銭に関わる怨みという点では、同門だった尾崎紅葉《おざきこうよう》の『金色夜叉《こんじきやしゃ》』の展開と似ていなくもない。近代という時代の刻印が明確に打たれた小説であるといえよう。

その後、大正時代・昭和戦前期には、島村抱月《しまむらほうげつ》の戯曲『清盛と仏御前』（『早稲田文学』一九一四年一月）、山崎紫紅《やまざきしこう》の戯曲『平相国《へいしょうこく》』（『文芸倶楽部』一九一四年十一月）『清盛と西光』（『新演芸』一九二〇年四月）、真山青果《まやませいか》の戯曲『清盛と西光』（『講談倶楽部』一九三一年十一月）、白井喬二《しらいきょうじ》の連載長編小説『源平盛衰記』（一九二六年十月〜二九年二月、『時事新報』）等がそれぞれに古典の再解釈を試みている。

吉川英治『新・平家物語』

しかし、「古典平家」と正面から取り組み、古典の言葉を読みかえることによって全体を再生させようとしたものとしては、やはり吉川英治の大長編小説『新・平家物語』（『週刊朝日』一九五〇～五七年）が突出しているというべきであろう。

孤児の物語として

吉川英治は一八九二年横浜生まれ、少年のころ家運が傾いたため苦労の多い少年時代を過ごした（小学校は中退、横浜ドックで働いていたこともある）。職業を転々としたが、一九二〇年代中葉、『剣難女難』（一九二五年）『鳴門秘帖《なるとひちょう》』（一九二六年）等で人気を得、『親鸞《しんらん》』（一九三五年）『宮本武蔵』（一九三五～三九年）等の時代歴史小説で一躍代表的な大衆小説作家になった。戦時中は『三国志《さんごくし》』（一九三九～四三年）等の作品があるが、時局よりの発言も多く、戦後はしばらくの間筆を折っていた。その彼が復活を期して一九五〇年に執筆を開始したのが、全一六巻に渡る大長編小説『新・平家物語』である。
『新・平家物語』は冒頭「ちげぐさの巻」で、清盛を母の愛が薄く、かつ本当の父親が不明の孤児的人間として表象する。

ややもすると、「子どもさえなければ――」という喧嘩の口走りがきっと出る。母の、その最後のきまり文句は、未熟な清盛の心をぐさと刺した。（中略）無条件に、母を母と信じきれないで、母を観察する眼ばかり日々養われている子の不幸は、いうまでもなかった。（ちげぐさの巻「貧乏草」）

ここでは母はもと江口《えぐち》の遊女で、鳥羽法皇に寵愛され、中御門家の養女とされたことになっている。清盛の十数歳の時まで共に暮らし、弟経盛《つねもり》・教盛《のりもり》も同腹の子ということになっている。また、父親の忠盛が貧乏でともすれば母親に圧される、大人しい人物として描かれている。この設定は現実の清盛と異なることは明らかであるが、作者は清盛の家庭的な不幸を、血縁にもとづく身分制社会の中で自己の位置を見出し得ない宙づり状態として描きだそうとしたのである。
また、有名な「わんわん市場」の場面では、若き日の清盛が塩小路の「クサ市」をうろつきながら、自身を大盗賊袴垂《はかまだれ》になぞらえる場面がある。

クサ市には、きょうは、人影もない。

賽日《さいにち》とみえて、そのかわりに、榎の下の赤い灯だの、花束だの、香の煙が、夕やみにゆらめいていた。

白拍子《しらびょうし》らしい女たちや、もっと低い種類の遊び女《め》たちが、幾組も連れ立って、後から後から榎の下へ詣ってゆく。

むかし、袴垂保輔《やすすけ》という大盗の妾がここに住んでいた。その跡がこの大榎だということになっている。そこで、いつごろからか、この榎に願掛けすれば、浮気男に夢が通じるとか、恋仇を病みつかせるとかいう迷信が生まれ、袴垂が獄死した永延二年六月七日の七ノ日を賽日として、クサ市の盗児から、いろんな種類の女たちまでの参詣が、こんな風ににぎわうのだった。

四位の朝臣の家に生まれながら、放火、群盗、殺人などの悪行をほしいままにして、世に袴垂の悪名を売った男の名は、もう百年以上もたっているのに、妙に、今でも市井に何か残している。

それは、藤原一門の専横も絶頂期の、法成寺関白道長《みちなが》のころの一社会事件であった。

――この世をばわが世とぞ思ふ――と歌った道長の全盛ぶりに対する細民たちの感情を、袴垂が、一個の身に代表して、あんな反抗をやったものと、当時の庶民は、逆にかれを礼讃したものかもしれない。とすれば、藤原閥の命脈のあるかぎり、ここの香《こう》華《げ》も、絶えないであろう。庶民の迷信は、庶民の祈りの変型といえなくもないからだ。

「たしかに、おれの中にもある。袴垂と似たような血が……」

清盛は、榎の下の赤い灯が、自分の未来を暗示するものみたいに思えて、なんだか、こわくなってきた。（ちげぐさの巻「わんわん市場」）

一方、彼は平忠盛が自分の父親ではなく、本当の父親は白河法皇か八坂《やさか》の悪僧であると告げられて出生の秘密に悩み、家人《けにん》の木工助《もくのすけ》家貞に慰められる。

「もう、もう……。さきほどのようなお悩みは、ふっつり、夢の中へ、忘れはててしまいなされい。たとえ、真の父御《ててご》が、たれであろうと、和子《わこ》様だけは、まちがいなく、一個の男の児ではおわさぬか。手も脚も、片輪じゃおざらぬ。こころを太々と、おもちなされい。天地を父母とお思いなされや。のう……それで、よいではござりませぬかや」（ちげぐさの巻「夜来風雨急」）

この場面は一九七二年の大河ドラマ『平家物語』で放映され、木工助家貞（俳優は高桐真）の微笑が印象的な場面であった。「天地を父母と」というフレーズは、この小説の中でその後も何度か再生される。白河院と八坂の悪僧ではまさに気が遠くなるような落差がある。この部分が「祇園女御《ぎおんにょうご》」説話を読みかえたものであることはいうまでもない。しかし、『平家』諸本が清盛皇胤説によって、彼を王法的な認識回路の中に回収しようとしたのに対し、『新・平家物語』では彼の父親は誰なのか最後までわからないままであり、清盛は身分社会の中をアイデンティティを宙吊られたまま生きていかねばならない。そのような設定にこそ、この小説の「戦後」性を読み取ることができるかもしれない。

カーニヴァルの中の清盛

また、「九重の巻」では、清盛は反抗すれば天罰が当たり、血へどを吐いて死ぬとされる日吉山王社の神輿《みこし》に矢を射掛る。どんなことがあっても、神輿に、矢のあたった例《ため》しはない。また、神輿の大威徳を冒して、矢を向けるばかもないが――もしあれば、矢は地に落ち、射手は立ち所に、血へドを吐いて、即死する。

――こう、かたく、信じられていた。

ところが、矢は、神輿に刺さった。

清盛は、血へドも吐かず、なお、立っている。

迷信は、白日に破れた。それは迷信利用の中に、生活の根拠と、伝統の特権をもっていた山門大衆が、赤裸にされたことでもあった。かれらは、狼狽と、おどろきの底へ、たたきこまれた。（九重の巻「一投石」）

清盛の部下と祇園社の神人《じにん》が衝突した事件は諸史料に記されているが、これを吉川氏は清盛の確信犯的行為に変えている。これも、覚一本巻一「願立《がんだて》」における比叡山の関白呪詛説話、および清盛の熱病死が④奈良炎上の報いであるとする「古典」のメッセージをふまえ、かつ転倒させた記述であろう。

また、既成の権威に対する反抗とは対照的に、下位身分の人々に対しては「心情的近さ」を持つ人物として描かれている。平治の乱で御所が荒廃し、地下《じげ》身分の者たちが乱入して「さかさまの世界」を現出したことがあった。その一部始終について、小説は以下のように書いている。

餓鬼国の人びとは、たちまち、外から泥溝水《どぶみず》が沁みこむように、皇居の空家にはいりこんだ。（中略）

すっかり上きげんな餓鬼国人たちは、大臣や公卿になったつもりで、みな、ひょうきんになり出した。梨壺の小間やお湯殿の間から見つけ出して来た女御の衣裳やら公卿の冠などをつけて、男どもは、上げ畳にすわりこみ、仲間の辻買女や女乞食を、女御や妃に仕立てて、管弦宴の真似事などし始めた（六波羅御幸の巻「餓鬼国管弦楽」）

平治の乱で皇居が焼き討ちされ、荒廃したことは『平治物語』等に記されているが、このような権力の空白期間に現出した無秩序について、このようなカーニヴァル的な記述を残している同時代記録はない。

吉川英治といえば『宮本武蔵』に代表されるような克己《こっき》的な主人公のイメージがあるが、彼には少年時代、横浜のドックで働いた経験もあり、このようなカーニヴァル的な感覚も持ち合わせていたことがわかる。秩序の転倒をどこかで待ち構えているかのような筆致はある種の「乱世のエクリチュール」といえるだろう。とはいえ、その視線は必ずしも下層社会の人々自身の視点に立ったものではない。清盛は皇居に入り込んだ餓鬼国の「黒い群れ」を許し、皇居の清掃を命じる代わり、救恤《きゅうじゅつ》米五合を支給して解放する。「黒い群れ」の何人かは以下のような話をする。

「やっぱり、貧乏人の味は知ってるから、話はわから」

熊手をうごかしながら、ひとりの男が、仲間たちへいっていた。

「六波羅様っていうのは、大弐《だいに》清盛様のことだろう。おれは、むかしあの人が、平太とよばれていた時分を、よく知ってるんだ。ウソだもんか。ほんとさ。スガ目の伊勢殿といわれた家の貧乏息子で、よく、ボロ直垂《ひたたれ》を着ちゃあ、塩小路のクサ市だの、榎下のお賽日などに、うろついていたもんだ。——だからよ、泥棒仲間じゃねえが、おれたちクサ市の者は、あの人をみると、あいさつをしたもんだぜ、酒瓶でもおいてある時にゃ——どうです一杯、なんていってね」

吉川英治はここで、貴族の視点から「殿上のまじはりをだにきらわれし人の子」といわれた立場を逆の視点から見直し、古典『平家』では貴族的視点の陰に隠れていた「民衆的」視点を拡大してみせたのである。下々の事情に通じている警察長官という役割は、ある意味で講談の「遠山の金さん」「水戸黄門」的なパターンの変型であろう。それが真に民主的なものではないということも可能であり、そこにその限界を見出すこともできる。しかし吉川英治が自身の思想的限界を露呈しても、清盛を民衆的人物として描こうとした、その迫力は十分感じ取ることができる。

　また、前に触れたように史実においても、清盛は応保元年（一一六一）正月から翌年九月にかけて検非違使別当《けびいしのべっとう》を務めており、その期間中の応保元年七月八日の文殊会《もんじゅえ》の際、検非違使庁主催で東寺《とうじ》に群集した「肩居《かたい》」、西寺《さいじ》に群集した「乞食」に施行《せぎょう》を行っている。平治の乱直後に清盛が皇居の掃除を指揮する権限はなかったと思われるものの、時期が遅れればありえないことではない。検非違使がケガレ観念の強化されたこの時代の平安京で、しばしば「掃除」を行ったことも知られている。その意味では、史実の清盛にもこのような側面がなかったとはいえない。清盛のこのような側面を前景化したという意味で、吉川英治の文学者的直感はやはり並々ならぬものがあったといえよう。

「浄海」と海港の論理

　また、「石船の巻」では、清盛が出家して法名を「浄海《じょうかい》」としたことにちなんで、以下の記述がある。

浄海。――出家はしても、なおかれの菩提《ぼだい》の国は、海にありとしているらしい。

いや、わずらわしい法皇との抗争だの、院の寄生虫や、諸公卿のうるささから脱して、

（わが家は海にあり、わが生涯も海に遊ばん）

という初志から、ひそかに、海への出家をとげたつもりで、名も浄海と、みずから選んだのではあるまいか。（中略）

海のかなたに。

浄海そのものの具現に。

なんとしても、築港は実現したい。

福原を交易市とし、厳島を南海天国の曼荼羅《まんだら》として建立し、宋の大陸とこの国とを、もっと近いものとしたら、どんな文化の華がながめられるであろう。それを見て死にたいと思う。（石船の巻「かむろ」）

清盛の海に対する関心は小説の中で何度か繰り返され、佐伯景弘、原田種直等に対して、自身の夢を熱っぽく語る清盛の姿が描かれている。『平家』では、清盛の福原への思いは彼の「悪行」に隠れて最小限にとどめられていたが、この小説ではそれが大写しに描かれる。たとえば、宋の明州（現寧波《ニンポー》）から来日した使者の書簡が無礼であることをいい立てる貴族たちに対し、清盛は反論する。

「なぜ、お返しになるのですか。風俗習慣、おのずから違う異国のことです。宋皇帝の親書とでも申すなら、なお、非礼もゆるがせになりますまいが、多寡が明州の一知事の書簡、かれが、賜うと書いて来たなら、われからも、法皇より下賜し給う——と返書してやればよいでしょう。そして、物にはまた、物を贈ってやればよい。どうして、諸卿にはそう小さく刺々しい理屈ばかりを楽しむのか」（中略）

宋皇帝にもあらぬ名もなき一刺史が、賜うなどと書いて来たのは、思うに、天がこの国へ賜えるものと、清盛には考えられる。この国を愛する天が人をして国へ賜わったものを、返すなどはもったいない。これもまた孔雀の卵よ。孔雀は孵《かえ》らなくても、文化は孵る。土をもって、抱いては孵し、抱いては孵すうちに、大きな調和がこの国のものとして無限なものを産み次いでゆく。……清盛が福原山荘の夢もただそれにある。海の門を鎖ずるような愚論には賛同できぬ。（石船の巻「孔雀の卵」）

古典『平家』の意味体系の中で孤立していた海港の論理は、ここに来て圧倒的な強度を持つに至る。彼の情熱は貴族の自己防衛的な猜疑心をかきたて、周囲の者にすら狂気めいたものとして映ったとされている。作者は個々の事実に関して必ずしも同時代の記録類に忠実ではない。しかし、大枠のところでは、『平家』が清盛に対してふるった言葉の「暴力」を知悉《ちしつ》し、その上で別の光を当てようとしたのである。また、清盛と重盛との差異については、以下のような感想を書きつけている。

たとえば、清盛にしてさえ、彼我《ひが》の文化の落差は、みとめている。随喜している。けれど、かれのばあいと、子の重盛の文化観とは、結果的に大きな違いをもっていた。

重盛は、わが家の黄金をかの地に送って、わが身ひとりの後世の幸福を祈らせたが、清盛は、瀬戸内の航路を修し、港湾や市街を開き、幾世紀の鎖国主義を破って、かの地の文化を、この国へ吸引しようとした。そして、その輸入影響は、ただ学問や思想上のものだけでなく、町の風俗にも、医薬や食物や、女性の化粧の仕方にまで、はっきりと、現れている。

重盛の夢。

清盛の夢。

この父と子の、愛情の深さには、なんの相違もないが、その生涯と、性格とは、こんなにも大きな違いをもっていた。（御産の巻「みじか夜の門」）

重盛の信仰深さのみを賛美する『平家物語』の、ひいては当時の仏法意識の矮小《わいしょう》さを、この文章は見事に論破している。彼はまた、厳島神社で『平家納経《へいけのうきよう》』を見、清盛の筆遣いの意外な繊細さに驚き、「やはり歴史は『勝者が敗者を書いた制裁の記録である』」と。

そしてそれを書き正すのが文芸の一つの仕事であろう」と述懐する（「新平家落穂集」『随

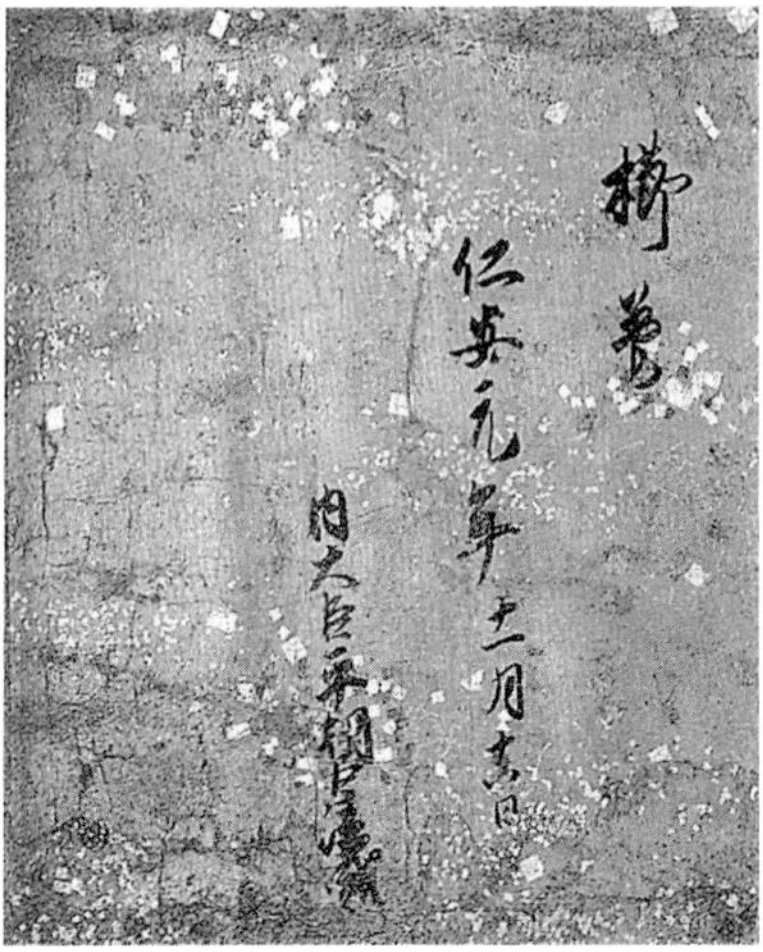

図10　『平家納経』清盛願文（厳島神社所蔵）

筆新平家』朝日新聞社、一九五八年）。吉川氏は『平家』中の断片的な記述をもとに、諸史料を参照しつつ、王朝的な視線に拘束された清盛像を解体し、既存の諸関係を外部に向けて開いてゆく力の体現者として彼を再表象したのである。

フォークナーと『平家物語』

『新・平家物語』は一九五〇年代、いわゆる戦後民主主義盛んなりし時代に書かれた。同時代、一方では国民的歴史学の運動があり、また一方では国民文学論が盛んで、いずれも戦前の大日本帝国のたどった道に対する反省と、アメリカ占領下の現実に対する学問と政治の未分化な形でのアンチテーゼとしての意味を持っていた。その意味で、『新・平家物語』もまた、同時代の現実に根ざした、壮大なプロジェクトの一つだったのである。膨大な読者に支持される半面、同時代の歴史家・文学者からは肯定・否定両様のさまざまな批評を受けてきた。文体が平明で理解しやすい反面、言葉の重層性や陰影に関しては、「古典」に及ばない面も少なくない。清盛の像が、良かれ悪しかれ近代青春小説（教養小説）の主人公に似ていることも事実であろう。事実、この小説には片思いの愛人を殺して苦悩する遠藤盛遠（後の文覚《もんがく》）や、娘を床下に突き落として出家したものの、彼らへの愛情にさいなまれる若き日の西行《さいぎょう》等、悩める若者たちの群像小説という側面を持っている。彼らはみな院政期の淀んだ社会の中で痛みを伴いながら、それぞれの新しい世界を切り拓いていくわけである。

他方、宙づり的な身分の人間が、既存の諸関係の中に安定的な位置を持たぬゆえに、其の諸関係と格闘し、それをより大きな外部世界に向かって押し広げていくという展開は、ウィリアム・フォークナー『アブサロム、アブサロム！』（一九三六年）や中上健次《なかがみけんじ》『地の果て　至上の時』（新潮社、一九八三年）等の二十世紀小説に見られる展開である。これらの小説の背景となる地域は、いずれも世界資本主義システムにおける周縁的な地域であり、アメリカ深南部の遅れた現実と先進的な近代文明との葛藤を描いたフォークナーの小説群は、ラテン・アメリカ、アジア、アフリカの小説家たちに深甚な影響を与えた。フォークナーにおいても、中上健次においても、主人公の先行世代の人物または父親が『平家』の清盛のような役割を負っており、差別的な境遇から身を起こし、めざましい力によって出世するものの、周囲から怨まれ、非業の最期を遂げる。インド出身の現代アメリカの批評家ガヤトリ・スピヴァクは、沖縄の作家目取真《めどるま》俊《しゅん》の短編小説『希望』（朝日新聞、一九九九年六月）を対象として、政治的な構造的劣位を打開しようとすることが、同時に倫理的な要請と矛盾してしまうような状況のことをダブルバインドと呼んだ（目取真のこの小説では、沖縄におけるアメリカ軍と地元住民の間にある圧倒的な不均衡の中で、主人公がアメリカ軍の嬰児を誘拐・殺害し、自分も自焼して果てる）。このようなダブルバインド状況は、フォークナーや中上の小説、そして『平家』の背景をなしているといえる。

フォークナーと中上の小説においては、視点人物はこの父親の後続世代の人々または息子であり、当初は父親を理解できなかった彼らが、徐々にその苦悩と生き方の両義性を理解するようになっていく。『平家』の場合、息子たち（重盛・宗盛等）は最後まで父親を理解せず、フォークナー的展開は不発に終わる。また、『新・平家物語』の場合、清盛自身が感情移入の可能な視点人物として描かれるゆえに（つまり近代青春小説＝教養小説の構造に近いがゆえに）、やはりフォークナー的構造とはすれ違わざるをえない。とはいえ、『平家物語』『新・平家物語』の両者をつき合わせることで浮上するのは、やはり転形期の社会における人間のフォークナー的存在形態である。清盛は、当時の東アジア漢文文化圏の周縁にあって、周縁として自足＝自閉していた日本を、東アジア全体に向けて開こうとした。そのことで憎まれ、挫折したが、彼の方向性はその後、別の形で実現されていく。吉川英治は『平家』の構成自体に、それまでの日本になかった、大陸規模のスケールの大きさを見出し、大陸文学の影響を見ようとしている。その意味では、『平家』は国文学ではなく、東アジア比較文学の分野でこそその意義を正確に検討しうる作品であるといえよう。さまざまな限界はあるにせよ、このことを提起しただけでも、吉川英治の功績は注目されてしかるべきものなのではないだろうか。

また、さきに引用した「やはり歴史は『勝者が敗者を書いた制裁の記録である』……」という吉川英治の述懐は、本書冒頭で引用したベンヤミンの「歴史の概念について」を想起させる。吉川がこの思いに至ったのは、やはり作家自身の戦争協力とその挫折の経験に対する省察があってのことであったのであろう。そのような苦い経験を経て、正面から「古典」との対話を試み、それに内在する記述に拠って全体を読みかえ、改作した『新・平家物語』は、優れた作品が生き延びるということが、時には歴史をさかなでする読みによって果たされることを示しているものと思われる。

戦争と平和

『新・平家物語』の時忠

吉川英治の『新・平家物語』以後も、『平家』に取材した歴史小説は数多く書かれている（石川淳「おとしばなし清盛」〈『オール読物』一九五一年八月〉、村上元三『平清盛』〈学習研究社、一九七〇年〉、永井路子『波のかたみ』〈中央公論社、一九八五年〉、嵐山光三郎『西行と清盛』〈集英社、一九九二年八月〉、森村誠一『平清盛』一～六〈小学館、一九九四～九六年〉、三田誠広『清盛』〈集英社、二〇〇〇年十二月〉、池宮彰一郎『平家』上中下〈角川書店、二〇〇二～〇三年〉、宮尾登美子『宮尾本　平家物語』一～四〈朝日新聞社、二〇〇一～〇四年〉、服部真澄『海国記』上下〈新潮社、二〇〇五年〉、橋本治『双調　平家物語』一～一五〈中央公論新社、一九九八～二〇〇七年〉等）が、ここでは永井路子、宮尾登美子両氏の作品をとりあげたい。『新・平家物語』も含め、この三作品はいずれも壇《だん》ノ浦《うら》で平家が滅んだということについて、別の可能性を探るという姿勢を持っている。そしてそれは、清盛の妻時子《ときこ》とその弟時忠《ときただ》という、公家平氏出身の二人の態度と密接に関わってくるのである。この、いわば「戦争と平和」の問題について、最後に考えてみたい。

『新・平家物語』は清盛の死去を記した箇所で、彼が残したといわれる遺言の内容について、以下のような解釈を示している。

清盛が臨終に、「頼朝の首を、わが墓前に供えよ」といったということは、数百年来、真実らしく伝わってきたが、それは、清盛がいったのではなく、後の人の憶測であろう。何よりは「墓に首を供えよ」などという表現が、あの時代のいい草ではない。儒学から出た士道的で、また殉忠義烈の復讐型を思わせるものだ。（中略）

諸書一致していることは、

（自分が死んでも、仏事供養の必要はない）

と、いったということだけである。（三界の巻「三界図　その二」）

そして、これに対応するのが、平家の都落ち以後、時忠によって画策される和平工作である。「検非違使文学としての『平家物語』」の章で見たように、時忠は都落ち後もしばらくは官位を解任されることがなかったが、それは時忠が三種《さんしゅ》の神器《じんぎ》を握っていることを武器に、朝廷と交渉する姿勢を見せていたからである。いわば、時忠は源平合戦を戦争によってではなく、外交的に解決しようという姿勢を見せていたといえる。

『新・平家物語』では、壇ノ浦合戦が近づき、いよいよ平家の存在空間が狭まってきたとき、時忠は安徳天皇の生命を守ることを条件に三種の神器を源氏側に明け渡すことを画策して発覚し、軟禁される。その間の彼の心境について、小説は以下のように記している。

「最後の最後に立ち至っても、主上と女院、そして三種の神器だけは、つつがなくお迎えすべしと、源氏も、院より仰せつかっておりましょう。……それゆえ、源氏も無下に平家を討ち砕けませぬ。和を申し入れれば和にも応じて、院の御命にもとることのないように計らねばなりますまい」

「というて、源氏のたれに、今さら、ひそかな和を通じえよう。……たれぞ、源氏のうちに、よい心当たりの人でもあればだが」

「ないこともありませぬ。ただ一人はある」

（中略）

かれはただ、その胸のなかで、七年前のある一夜の義経を思い出していた。

そのころ、義経もまだ無名の一放浪児にすぎず、検非違使《けびいし》の牢につながれていたのを、時忠が、国払いに処して、放してやったことがある。

そして、かれのために、別れの宴まで設けてやった。（中略）

——七年前のそうしたことどもを、時忠は今、胸にえがき出しながら、なんとはなく、黙然としていた。眼のまえの経盛も忘れて、瞼をふさいでいた。（浮巣の巻「平家の氏神」）

『新・平家物語』は時忠を通して、玉砕に終わった平家一門の戦いを平和裏に終息させる可能性を追求したのである。そしてそのとき、大きな契機となったのが、時忠が三度も検非違使別当《べっとう》を務めた人物であり、平家一門という表の顔と別に、一見敵方に見える人物ともさまざまな関係を結んできたという経歴であった。小説では検非違使別当時代の時忠が、都の治安を荒す九郎義経と会ったことがあり、敵同士ながらも一種の交情を結んだことになっている。壇ノ浦における時忠は、この義経との交情の記憶に一門の死活の運命を賭けようとしたのである。

実際、「検非違使文学としての『平家物語』」の章で見たように、壇ノ浦で囚われた時忠が、その後義経を聟《むこ》どったこと、その伝手《つて》により、多くの人々を危機にさらす機密文書を隠密の内に廃棄することに成功したことは、『平家』巻一一「文之沙汰」に記されている。これを単なる利己的・保身的な行為とのみ見るのは誤っている。源平合戦の行方がどうなるかわからない間は、京都の多くの貴族たちがなおも平氏との連絡を保っていたのである。

いずれにせよ、検非違使時代に彼が培っていた人脈を、敵味方が二分された極限状態において彼が生かそうとしたこと（小説がそのように描いていること）の意味は、もう少し検討されてよいように思われる。小説の描き方は、ここでは時忠に感情移入できるよう、彼を視点人物にしたてているため、却って描写が平板に成っているきらいがある。また、歴史的にも事実から離れていると思われるためか、歴史家にもほとんど注目されていない場面である。しかし、筆者にはこれこそ、「戦争と平和」という問題と多重所属者が関わりうる可能性の一つであるように思われる。吉川英治の筆はさまざまな限界を抱えながらも、時忠を通して――そして時忠と清盛を結ぶことを通して、この源平合戦の物語を「死の美学化」（高木信『「死の美学化」に抗する』青弓社、二〇〇九年）に帰結させない、別の見方を導入しようとしたのである。

『波のかたみ』の時忠

永井路子氏（一九二五～）の『波のかたみ』は時子を主人公、視点人物とした歴史小説である。永井氏は姉と弟のコンビに光をあてる作品に傑作が多いが（一九七九年大河ドラマ『草燃える』の原作となった『北条政子』〈一九六九年〉など）、本作では時子と時忠に焦点をあて、彼らが忠盛や清盛のような武家平氏ではなく、公家平氏であったことに注目、「これまでとかく見過ごされがちな公家平氏が、この時期どんな位置をしめていたか、それを見定めることによって、平家政権の性格を問いなおしてみたかったのだ」（永井路子歴史小説全集七「付記」）としている。小説では、壇ノ浦で時子は幼い安徳《あんとく》天皇を抱いて海に沈む直前、時忠と会話を交わす。

「姉上」

低く声をかけたのは時忠である。

「早まることはありませんよ」

いつもの声音だった。

「知盛どのの言うとおり、東国武者も鬼ではない。お姿を見れば、畏《おそれ》多さにひれ伏すことでしょう」

見ればふだんの狩衣姿で気楽にあぐらを組み、慌てる気配も全くない。

「そういうそなたは」

「もちろんここにいます」

それが当然のことであるかのように、微笑さえ含んで言う。

「お気づきになられませんか、姉上」

「何を」

「今日敗れたのは武門の平家です。私たちはいずれも平時信の血を享けた公家平氏じゃありませんか」

時子はかすかにうなずいた。

そのとおりだ。自分も帝も、このままでいれば命は助かるかもしれない。まさしく自分も時忠も、平時信の子なのだから……

時忠らしいしぶとさだ。平家一門が総力をあげて戦い、そして敗れた相手に、臆することなく素手で立ち向おうとしている。

——そなたらしい生き方ね。

それを詰《なじ》る気はない。が、いま、自分は別の世界にいる。清盛が築いたこの時代をともに生きた自分とその子どもたちは、それぞれの運命を分け持って生きてきた。そして、その最後の幕をひくのは自分しかないではないか。(「渦潮」)


時子は死に、時忠は生き延びる。永井氏の解釈では、時子の死は「清盛が築いたこの時代」に幕を引くためであったことになる。それは、公家平氏出身であった時子が、武家平氏である清盛に同一化することであり、武家平氏である以上、ここで死ぬのが筋だという考えが前提になっている。しかし、吉川英治の解釈に戻れば、清盛自身、決して単なる武士ではなく、頼朝と徹底抗戦すべきという考えも、清盛自身の考えではなかったという。高木信氏は見事に入水《じゅすい》した知盛《とももり》の「成功例」は、幾多の「失敗例」の存在に支えられているのだという趣旨を述べているが、吉川氏も永井氏も、それぞれの仕方で、『平家』の享受史の中で強化されてきた、この成功—失敗の二分法を揺るがそうとしているのである。

大河ドラマの中の清盛・義経

他方、二〇〇五年の大河ドラマ『義経』の原作となった『宮尾本 平家物語』『義経』（二〇〇四年）の作者宮尾登美子（一九二六〜）は、「以前から私は、この平家物語を単なる軍記物としてではなく、描かれた千人の人生を辿ってみたいとずっと思いつづけていました」（あとがき）、「まさに『平家人のひとりひとりと斬り結ぶ』気分で書き続けたのでした。まるで私自身、自分と戦をしながら、源平の戦を書いていたわけで、現実感と同時に、せっぱ詰まった緊迫感がありました」とのコメントを残している。そのような壮絶な格闘の中で書かれた『宮尾本平家物語』は、さまざまな論点が複合しているのだが〈清盛と兄弟たち、お徳・五足との関係、時子の執着〈盛子・徳子への強要、天皇替え玉、遺言の捏造〉、冷泉《れいぜい》殿の人生、能子・時忠娘と義経〉、筆者が注目したいのは清盛・時子・義経等の「孤児性」である。小説では清盛が熱病を発病する直前、盟友の藤原邦綱に対して、縁の薄かった母の夢を見ることを述懐する場面がある。また、清盛の遺言「頼朝の首をとって墓にかけよ」は、清盛自身の言葉ではなく、時子が清盛死後の一門を引き締めるために創作した、捏造だったということになっている。

しかし、この捏造された遺言（『平家』諸本のほか、『玉葉』治承五年八月一日条にも、頼朝との和平を禁じる「遺言」が書き留められている）がその後独り歩きし、平家一門は展望のない戦いを最後まで止めることができなくなる。すなわち、平家を滅ぼしたのは時子にも責任があるということで、状況が切迫してから、時子はその自省にさいなまれる。永井氏の小説とは対照的に、宮尾氏は清盛こそ平和主義者であり、時子はそれを裏切ってしまった悲哀の人物として描いているのである。

もう一つ、宮尾氏の小説で注目すべきは、清盛と幼い義経（＝牛若）との交情である。『義経』では、常盤の息子、牛若と常盤を囲い者にした清盛の間の交情が描かれる。この点は大河ドラマ（脚本・金子成人氏）では一層拡大され、印象に残る場面が形成されることになる。清盛を演じた渡哲也氏のコメントを紹介するのがいいだろう。

物語の序盤、常盤を妾においた清盛は、牛若とひとときをともに過ごします。その交流はとても温かいもので、牛若が清盛を自分の父親と間違えてしまうほどの関係が描かれます。象徴的なのが、清盛が異国との交易の重要性を牛若に熱く語る場面。実の息子である重盛や宗盛も同じ席にいるのですが、清盛が夢見てきた福原遷都の話にいちばん興味を持つのがほかの誰でもない、幼い牛若なのです。そんな彼に清盛は優しい感情を抱く。なかなか新鮮な解釈だと思います。

ドラマの最終場面で、義経は清盛の遺品である福原を描いた屛風を前にして、「新しき国」を夢想しながら死んでいく。清盛の夢を義経が引き継ぐという設定は歴史学的には荒《こう》唐《とう》無《む》稽《けい》とされるだろう。しかしここには多重所属者としての清盛と義経の「孤独」や人生というものの奥深い味わいがよく表現されていて忘れがたい。これこそ『平家』の作者的受容（ハルオ・シラネ氏）の最たるものではないか。

戦争と平和の問題は他にもさまざまなヴァリエーションを生み出している。たとえば木下順二『子《し》午《ご》線《せん》の祀《まつ》り』（一九七九年初演、宇野重吉総合演出）は、壇ノ浦合戦を目前にした知盛と、後に裏切り者となる阿《あ》波《わの》民《みん》部《ぶ》成《しげ》良《よし》（重能）との間で以下の会話が交わされる。

『子午線の祀り』の多重所属者

重能　新中納言さま、お心を鎮めてお聞き下さりませ。もしも、ということでございます。もしもそのように早《はや》鞆《とも》の瀬戸へ追いこまれました時、これ幸いと潮に乗って引島にも寄らず、豊前の磯にも上がらず長門の国と九州のあいだをするりと抜け切りますとそこは響灘、続いて広々と玄界灘がひろがっております。その海のかなたに何があると思し召す？

知盛　なに？

重能　ひととせ前一の谷の合戦のあと、後白河院の御無体な院宣へ新中納言さま、新羅、高麗、百済、渤海、雲の果てまでも帝と三種の神器を奉じて赴く決意とお答えになったこと、よもお忘れではございますまい。
知盛　なに？
重能　高麗国が近過ぎるとあれば宋の国、一気に東海を横切って揚州、明州へ赴くことも難しくはございません。今この三月、続く四月の季節の風は、一年のうち最も都合よく彼の国へ船を吹き送ってくれます。博多の海を出て五島奈留《なる》の浦に風待ちのあと、一気に東海を渡ればひと月で船は目差す港にはいります。
知盛　民部——
重能　この壇の浦からひと跨《また》ぎの大宰府博多の海に、彼の国へ渡りますための唐船の用意、船長、船子の手配も、民部、実はひそかに、本人たちにそれと知らせず整えおいてございます。
知盛　民部、わぬしは——わぬしは——

いったんは動揺する知盛だが、結局は玉砕を選び、阿波民部は義経に投降し、汚名を着せられる。かつて石母田正《いしもだしょう》氏は知盛の壇ノ浦における振る舞いを、運命の見者のそれとして称揚したが、木下順二の知盛像はそれを踏まえたものである。他方、高木信氏は前述のように、知盛の死が死の成功例として「美学化」されることが、それ以外の死を「失敗例」とみなすことを結果することを指摘し、そのような死の美学化の機制を批判した。その意味ではこの戯曲は結果的に高木氏のいわゆる「死の美学化」の成功例を擁護し、他のオルタナティヴを封殺する機能をはらむだろう。しかし、筆者にはこの阿波民部の呼びかけが単なる裏切りの為の方便の機能を越えて切実なものに聞こえる。阿波民部は「『平家物語』の中の清盛」の章で見たとおり、ほかならぬ大輪田泊《おおわだのとまり》の修築に最も貢献した――というより、その原動力となった――海商的武士であった。彼が日本国で敗れたあと、朝鮮半島や中国大陸に渡って再起を図ろうとすることは不自然なことではない。

たとえば、『吾妻鏡《あずまかがみ》』文治元年五月二十三日条には、源平合戦の間、平家の船団が逃げ落ちてくることを恐れた対馬守親光が高麗国に逃れていたが、合戦が終わったので鎌倉幕府側から彼に帰国を呼び掛けることにしたという記事が残っている。平家が勢力を広げていた西国にはこの対馬守のような選択肢を選ぶ意志と能力を持った人々が多くいたに違いない。彼らもまた、王法仏法理念によって日本国を束ねるという枠組みが崩れかけた時代に、多重所属者として活動していたのである。

吉川英治、永井路子、宮尾登美子、木下順二、これら現代の小説家はいずれも独自の視点から、歴史をさかさまに読みかえ（＝書きかえ）、そのことを通してベンヤミン的な意味での歴史の「救済」を（部分的にであれ）試みているということができよう。

海港都市と「清盛の子どもたち」の系譜――エピローグ

平清盛の表象の時代ごとの変化について述べてきたが、最後に清盛が生涯をかけて建設に取り組んだ海港都市――福原・大輪田泊《おおわだのとまり》（兵庫津）の地政学的・人文学的歴史について見ておきたい。

福原―神戸の地政的・人文的環境

福原・大輪田泊の後身はとりもなおさず、現在の神戸である。現在、神戸は京都・大阪と共に関西地方の中核を担う都市であると同時に、横浜と並ぶ近代日本有数の港町でもある。一八六八年（明治元）の開港以後、欧米の外国人貿易商が多数定住し、近代的で国際的な都市イメージにより、国内では観光都市として根強い人気を誇っている。しかし、開港以後今日に至る一四〇年間の神戸の実際の歴史は、東アジアの帝国・日本の屈折した植民地主義の諸要素によって構成されており、そこからは綺麗ごとでは済まない、幾重にも折り畳まれたコロニアル状況が存在した。と同時に、そこには平清盛の時代、あるいはそれ以前の古代以来の、日本国家の海外との交流の窓口としての系譜も息づいているように思われる。

「敏売浦」―古代国家の窓口として

奈良時代（八世紀）、神戸市灘区の敏馬《みぬめ》神社のある辺りには、「敏売《みぬめの》（馬）浦」という港があった。日本最古の和歌集である『万葉集』（八世紀成立）にはこの港を詠った歌が多く収録されているが、中でも田辺福麻呂《さきまろ》（生没年未詳）という貴族（朝鮮半島から渡来した一族の出身）の長歌（巻六、一〇六五番）の以下の言葉

八千鉾の　神の御世より　百船《ももふね》の　泊《は》つる泊《とま》りと　八島国　百船人の　定めてし　敏馬の浦は　朝風に　浦波騒き　夕波に　玉藻は来寄る　白砂《しらまなご》　清き浜辺は　行き帰り　見れども飽かず（後略）

から読み取れるように、日本国のさまざまな地域からやってくる船が寄港することが定められていた重要な港であったことがわかる。坂江渉氏はこの「敏売浦」の機能として、新羅からの外交使節に生田社（現神戸市中央区）で醸した酒を敏売浦で支給することを指示している『延喜式《えんぎしき》』の記述に注目し、この神酒の支給儀礼が古代日本国家の小中華思想に基づく服属誓約儀礼であること、この地域が天皇王権の聖域である畿内地域の最西端に位

置することが、そのような儀礼の行われる場として「敏売浦」を選ばせたことを指摘している（「古代国家と神戸の港」〈歴史資料ネットワーク編『歴史のなかの神戸と平家』神戸新聞総合出版センター、一九九九年〉）。神戸地域は、古代からすでに日本国家の対外的窓口であり、外部からもたらされる豊かな富が受け渡されると同時に、国家間の力関係が作用し、せめぎあう場であったわけである。

王朝世界の須磨・明石とオリエンタリズム

このような性格は、十一世紀に成立した、日本古典文学の代表的なテクスト『源氏物語』須磨《すま》・明石《あかし》巻にも表れている。桐壺帝（天皇）と身分の低い母親の間に生まれた光源氏は、政敵である大貴族の姫君と密通してしまい、流罪になる前に自発的に平安京を去り、須磨（現神戸市須磨区）に引退する。須磨で暴風雨の夜を過ごした光源氏は住吉明神のお告げによって明石（現明石市。神戸市西部に隣接する）に移り、この地に隠棲していた明石入道に厚遇され、その娘明石の君と結ばれる。明石の君の懐妊後、光源氏は都に召還されて政界に復帰し、明石の君が生んだ娘は彼の最愛の女性紫の上に引き取られ、中宮（天皇の妃）となり、光源氏の栄華のもっとも核心部分を担うに至るのである。畿内の周縁である須磨から畿外（播磨国）の明石へと越境する光源氏の行為は、やがて訪れる彼の（政治的）復活のためのイニシエーションであり、須磨・明石の境界性は、光源氏の物語を活性化するための不可欠の意匠として利用されているのだが、他方その光源氏の復活を実現させた明石の君は身分の低さゆえに、中宮となった娘の母親として振舞うことのできない一生を送らざるをえない。ここには物語世界の中心と周縁を往還する主人公によって、周縁である須磨・明石が収奪される構造がはっきりと示されているのである。

なお、『源氏物語』須磨・明石巻の前史に、『古今和歌集』(九〇五年成立)の在原行平《ありわらのゆきひら》(八一八~八九三)の故事がある。同書巻一八、九六二番には「田村の御時に、事に当りて、津国の須磨と言ふ所に籠り侍けるに、宮のうちに侍ける人に、遣はしける」(文徳天皇の御代に、ある事件に関わりあったため、摂津国の須磨という所に引き籠っておりましたが、宮廷に仕えておりました人に贈った歌)という詞書を持つ「わくらばに問人あらば須磨の浦にもしほたれつつ侘ぶとこたへよ」(現代語訳=もし偶然尋ねる人がいたなら、藻を焼いて塩を採る所だと言い慣わされている須磨の浦で、泣く泣くわび暮らしていると答えて下さい)という行平の歌が収録されている。ここでの須磨は、罪を犯した貴人が遠い都を偲びつつ、かろうじて知人と文通を行うことのできる周縁の地のイメージである。しかし、私たちはこれが須磨の在地の人々の感覚ではなく、あくまでも平安京在住の貴族の視点により構成された、オリエンタリズム的な美意識であることを知っておく必要があろう。

両刃の剣としての海港

そのような、中心に収奪される周縁としての位置づけの変革を試み、挫折したのが平清盛による福原遷都計画である。本書で見てきたように、海外交易によって富を築いてきた平清盛は、治承四年（一一八〇）、伝統的な寺社勢力に囲まれた京都に代え、交易拠点である大輪田泊に近い福原（共に現神戸市兵庫区）に遷都を計画、周囲の反対を押し切ってそれを実現しようとする。しかし、ライバルである源氏の挙兵、延暦寺等の平安京に既得権を持つ寺社勢力の抵抗等により、計画は半年で中止せざるを得なくなってしまう。翌年の清盛の急死とそれに続く平氏の滅亡という事態により、後世、福原遷都計画については否定的な評価だけが残った。

『平家』は平氏を滅ぼした源氏の幕府政権下で十三世紀に構想された歴史文学だが、清盛の計画を未曾有の悪行として描く一方、廃墟となった旧都で過去の優雅な生活を懐古し、今様《いまよう》を歌う貴族を美しく描いている（巻五「月見」）。「おごる平氏は久しからず」という文言に象徴されるように、『平家』が琵琶法師《びわほうし》の語りによって普及する過程は、平清盛の行為が天皇の臣下にあるまじき分不相応のこととして否定され、平安京（＝京都）を中心とする伝統的世界観・美意識が人々の間に刷り込まれていく過程でもあった。

しかし「『平家物語』の中の清盛」の章で見たように、同書は他方で、清盛が大輪田泊修築の際に示し、保守的な貴族の「人柱を立てよ」という要求を拒否し、石の面《おもて》に経を書いて埋めたという挿話も記している（巻六「築島《つきしま》」）。また、『平家』の古態本である延慶《えんぎょう》本には、この港の修築はそもそも瀬戸内海を往来する商人の要望であり、それを清盛が朝廷に働きかけて実現した結果、交易の場として未曾有《みぞう》の繁栄を見たこと、中国の皇帝から「日本国輪田平親王」と呼ばれ、都の天皇も入手できないほどの交易品を得ることができたことが活写されている。清盛は政界引退後は福原に滞在し、当時の貴族の常識ではタブーである外国人商人との接触も積極的に行っていた。ここには港というものが一国の王権にとって諸刃の剣のような存在であり、清盛のように所与の公定文化に回収されない価値観を持つ人物を産み出してゆく「場＝接触空間」であることが示唆されているといえよう。

海域アジアと天皇王権との牽引関係

その後も福原・大輪田泊の重要性は失われることなく、鎌倉期以降の兵庫津に受け継がれる。現在の兵庫区域には鎌倉時代創建の寺院が数多く残っているが、特に当時の最先端の仏教勢力であった禅宗・律《りつ》宗・時《じ》宗の活動の痕跡が目立つ。たとえば、福厳寺は正安年間（一二九九〜一三〇二）の創建で、開山は十三世紀中葉に来日した宋人、蘭渓道隆《らんけいどうりゆう》（一二一三〜七八）の弟子の仏燈国師《ぶつとうこくし》（一二四四〜一三二〇）であるが、十五世紀には明《みん》国の使者が持参した国書の内容確認がここで行われ、また日本側の遣明船の出航準備地ともなっている。また、応永二十七年（一四二〇）来日した朝鮮国使節の宋希璟《そうきけい》一行は兵庫の長福寺を訪問しており、そのときの詩文が彼の紀行集『老松堂日本行録』に収録されている。他に琉球王国の使節も入港しており、博多津が外門としての役割を持っていたのに対し、兵庫津は内門としての役割を持っていた。さらに、須磨区の禅昌寺には応永元年（一三九四）以後収集した一《いっ》切経《さいきょう》が所蔵されていたが、その中には宋・元や高麗で木版印刷されたものも多く、「北宋勅版」や「高麗版初雕《しょちょう》」等の貴重なものも含まれているといわれる（以上、藤田明良「禅宗寺院と中世神戸の国際交流」〈前掲『歴史のなかの神戸と平家』〉参照）。

十五世紀には有名な『兵庫北関入船納帳』に記録されているように、兵庫津は室町幕府の管理下で、世界有数の港町として繁栄した。敏売（馬）浦・大輪田泊・兵庫津、この三つの港は、政権の出先機関が存在し、国家の対外的窓口としての性格を負っていた点で共通する。と同時に、窓口であるゆえに、内部の力と外部の力がせめぎあう場所でもあった。十四世紀の動乱を記した歴史文学『太平記《たいへいき》』は、畿内の商人的武士で、神出鬼没の活躍によって後醍醐《ごだいご》天皇（一二八八〜一三三九）の鎌倉幕府打倒に大きく貢献した楠 正成《くすのきまさしげ》（?〜一三三六）が、新たな幕府設立を企図する足利尊氏《あしかがたかうじ》（一三〇五〜五八）と戦い、「湊川《みなとがわ》」（現神戸市中央区）で壮烈な戦死を遂げたことを物語っている。正成は天皇の政治的判断が誤っていることを知りつつ、別の選択肢を選ぶことなく玉砕する。武士の名門出身ではない「周縁人」楠正成が天皇のために死を選んだという「忠臣楠公」の伝説は、多くの後世の日本人の情念を刺激し、西洋の衝撃に動揺する十九世紀中葉の日本で「尊王攘夷《そんのうじょうい》」思想となって甦り、明治維新の原動力となったばかりでなく、二十世紀前半の天皇中心の軍国主義にも一定の影響を与えた。近代の神戸は「湊川」を中心に発展したが、楠正成の伝説が持っている、天皇王権との間の、幾重にも重層する愛憎に満ちた牽引関係は、近代神戸が抱えるアポリアでもあったといえよう。

コロニアル都市の移住者たち

近代の神戸は横浜と並んで、西洋文明の窓口として繁栄した。しかし、「モダン」や「エキゾチック」という言葉で代表させるには、近代神戸一四〇年の歴史はより残酷かつダイナミックな動きに満ちている。それは、東アジアに位置しながら西洋帝国列強を模倣した国家建設を志向した近代日本の矛盾に満ちた歩みに即したものであったといえる。

近代神戸の文学作品の最大の特徴は、それが移住者（移民）による文学であるということである。現在神戸・阪神地域に居住している人々の九〇％以上が、近代になって国内国外の他地域から移動してきた人々の子孫である。このこと自体は東京をはじめ、神戸以外の大都市においても共通している。しかし、京都、大阪、名古屋、広島、仙台等の場合、近代以前から一定の文化伝統を持った都市域が存在しており、近代以後もその伝統が多少とも都市の自意識の基盤になっている。神戸の場合、近代以前の兵庫津を意識しつつ、あえてそれとは距離を置いた地域に新しい町を作ったことが、伝統の希薄さの意識を助長したといえよう。

近代神戸はまず、開港場と西洋人の居留地を基盤に出発した。伝統的な町・兵庫との境界は次第に消滅し、湊川公園や新開地を中心に戦前の神戸の都心を形成した。一方、工業化によって生活環境の悪化した大阪から、富裕層が良好な生活環境を求めて所謂《いわゆる》阪神間に定住し始め、神戸の西洋文化を取り入れる形で和洋折衷の阪神間文化を作り出した。他方、産業革命の時代以後、インナーシティに阪神工業地帯が形成され、地方から大量の労働者を吸収した。やがて、その中には国内のみならず、植民地とされた地域からの人々も含むようになっていった。以上の流れの中で、神戸の近代文学を創出した人々、及びそこで描かれた人々は大よそ以下のタイプに分けることができる。

① 西洋またはその植民地から来た外国人――ハーン（一八五〇～一九〇四）、モラエス（一八五四～一九二九、ポルトガル人）

② 兵庫のインナーシティ出身で、西洋文化を吸収した人々――横溝正史《よこみぞせいし》（一九〇二～八一、探偵小説家）、小松清（一九〇〇～六二、仏文学者）、竹中郁《いく》（一九〇四～八二、詩人）、淀川長治（一九〇九～九八、映画評論家）

③ 阪神間に移住した人々――谷崎潤一郎（一八八六～一九六五、小説家）とその小説

『細雪』(一九四八年刊)の蒔岡家姉妹、島尾敏雄(一九一七〜八六、小説家)、遠藤周作(一九二三〜九六、小説家)

④阪神間を故郷とする人々――手塚治虫(一九二八〜八九、漫画家)、須賀敦子(一九二九〜九八、散文家)、野坂昭如(一九三〇〜、小説家)

⑤インナーシティに生きる貧しき人々――賀川豊彦(一八八八〜一九六〇、社会運動家)『死線を越えて』の人々、十一谷《じゅういちや》義三郎(一八九七〜一九三七)『跫音《きょうおん》』の主人公の孤児生田捨吉、菊田一男(一九〇八〜七三)の自伝『がしんたれ』の主人公の丁稚《でっち》少年

⑥アジア・植民地・日本の辺境出身の人々――石川達三(一九〇五〜八五)『蒼氓《そうぼう》』(一九三五年)のブラジル移民たち、陳舜臣《ちんしゅんしん》(一九二四〜、小説家)の一九三〇年代小説の主人公たちと小説家本人、田宮虎彦(一九一一〜八八、小説家)『朝鮮ダリヤ』(一九五一年)の呉、灰谷《はいたに》健次郎(一九三四〜二〇〇六、児童小説家)『太陽の子』(一九七八年)の沖縄出身の人々、小田実(一九三二〜二〇〇七、小説家、市民運動家)『ベトナムから遠く離れて』(一九九一年)のヴェトナム難民たち、同『アボジを踏む』(一九九七年)の語り手の舅の在日朝鮮人「アボジ」、李昂(一九五二〜、台湾の小説家)『自伝の小説』の主人公謝雪紅(台湾共産党創始者)

⑦ 亡命政治家、旅人、一時滞在者——中国の革命思想家・康有為（一八五八～一九二七）、孫文《そんぶん》（一八六六～一九二五）、堀辰雄（一九〇四～五三、小説家）、西東三鬼《さいとうさんき》（一九〇〇～六二、俳人、散文家）とその回想録『神戸』（一九五六年）の人々、大岡昇平（一九〇九～八八、小説家）とその小説『酸素』（一九五八年）の人々

戦後の高度成長期にはニュータウンや公団住宅の大量供給が行われ、膨大な中間層が形成された。現在は少子高齢化の影響により、都心回帰の流れとともに郊外の過疎化の傾向も始まっている。しかし、戦前とくに一九二〇～四〇年代にあったような大幅な人口移動は見られず、移動の文学としての近代神戸の文学も一九二〇～四〇年代の諸経験を基にした作品群がピークをなしている。

西洋の異端者と「忘れられた世の音」

『門づけ』は一八九四年（明治二十七）、ラフカディオ・ハーンが英字新聞『神戸クロニクル』の記者として神戸に赴任していた時代（翌年日本に帰化）の作品である。松江の伝統的な雰囲気の中で幸福であった彼は、神戸の開港場の雰囲気に失望し、日本も参入し始めている文明の行方に対して悲観的な展望を持つ。

ある日、彼の家に三味線を抱えた、小さな男の子を連れた盲目の女がやってくる。彼女は醜かったが、その唇から「人の心にしみとおるような甘さをもった、なんともいえぬ震

いつきたくなるような声が、突如として泉のごとく、せせらぎのごとく、噴き湧いてきた」。彼は「ただのいちど聞いただけにすぎない人間の声が、このような魅力を人に起こさせるということは、これはこの世のものではけっしてありえない。それは、無量百千万の忘れられた世のものである」「極東のこの一都会で聞いた一盲女の俗謡が、一西欧人のこころに、ある個人的なものを超えた深い感情を――忘れられた悲哀の、そこはかとない無言の哀感を、――記憶を消失した時代のおぼろげな衝動を、もういちどよみがえらせたのであろう」と結論づける。

ハーンはアイリッシュとギリシア人を両親に生まれた。移民船でニューヨークに渡り、シンシナティで当時違法だった黒人との結婚・離婚を経て、ニューオーリンズ、西インド諸島を経、一八九〇年日本に到着した。彼の日本帰化が当時の西洋人としてどれほど異端的な行為であったかは想像に難くない。この『門づけ』は西欧の異端者が、西欧文明の力が及ぶようになった非西欧の土地で、現地の人間が忘れようとしている文化に却って熱い眼差しを注ぐという、逆説的な、しかしおそらく地球上の各所で繰り返された「出会い」を語っている。その接触の「場」の一つが十九世紀末の「神戸」であったのである。

兵庫モダニズムと帝国日本

しかし開港後数十年たつと、稲垣足穂《いながきたるほ》、竹中郁、横溝正史、小磯良平《こいそりょうへい》、東山魁夷《ひがしやまかいい》、淀川長治など、ハーンと逆に西欧由来のモダニズムを受容した芸術家・知識人が登場するようになった。彼らの多くが当時の神戸でもっとも洗練された文化的土壌を持つ兵庫育ちであることはおそらく偶然ではない。稲垣や竹中は当時原田の森（現王子公園）にあった関西学院で学んだ。「海港詩人倶楽部」の詩人、竹中の詩は、

いま
「春」が
垣根に沿つて喋言《しやべ》つて往つた（「午前十時の風」『黄蜂と花粉』所収）

のように、向日性、上品なユーモア、シネ・ポエムの手法を特徴とする。しかしたとえば満州・大連《だいれん》在住の先輩詩人安西冬衛《あんざいふゆえ》の、

韃靼《だつたん》海峡をてふてふが一羽渡つて行つた（「春」『軍艦茉莉』所収）

のような現実との拮抗関係に基づく異化作用は少ない。竹中の詩に見られる人懐かしい挨拶の要素は意外と伝統的短詩に近いものかもしれない。他方、当時の兵庫は小松清のようにアンドレ・マルローやホー・チ・ミンと付き合い、世界の変革を志す行動的な文学者も生み出していた（彼の出発点は小学生のとき、兵庫のコレラ騒動で自宅が病源の一つとみなさ

れ、同級生から疎外された経験であったといわれる)。

また、政治的表明を行わなくても、一九三〇年代に流行したモダニズム、特にシュールレアリスム詩の中には、現実への批評という面が確実に存在した。一九四〇年(昭和十五)の「神戸詩人事件」は特に政治的でなかった文学青年たち(小林武雄、亜騎保ら)が、その文学の持つ潜在的力を恐れた官憲によって検挙された痛ましい事件である。検挙された詩人の中には拘留中に体を悪くし、戦後間もなく病死した人もいる。この事件の全貌はまだ明らかにされていないが、神戸の人文的環境を考える上で、もっと注目されてよいであろう。

阪神間モダニズムとその批評

谷崎潤一郎『細雪』は阪神間モダニズムの代表作といわれる作品である。しかし私たちはこの作品が戦時の検閲の監視下で書かれたことを忘れるべきではあるまい。彼はこの作品について、後に「不倫」や「不道徳」は描けなかったと述懐しているが、彼の他の作品に見られる男女の関係性の逆転をはじめとする鋭角的な記述は回避され、語りの視点としても四女のモダンガール妙子ではなく、姉の芦屋夫人幸子の視点が多用されている。

たとえば東京から帰った幸子が秋めいてきた我が家の庭を見て述懐する場面がある。

別に取り立てて風情もない詰まらないこの庭だけれども、此処《ここ》に佇《たたず》んで松の樹の多い

図11　芦　屋　川

空気の匂を嗅ぎ、六甲方面の山々を望み、澄んだ空を仰ぐだけでも、阪神間ほど住み心地のよい和やかな土地はないように感じる。それにしてもあのざわざわした、埃っぽい、白ッちゃけた東京と云う所は何と云う厭な都会であろう。東京と此方《こっち》とでは風の肌触りからして違うと、雪子が口癖のように云うのも尤《もっと》もである。ああ云う所に移転しないで済まされる自分は、姉や雪子に比べてどんなに幸福であるか知れない。――

幸子はその感想に浸ることがこの上もなく楽しいのであった。

東京出身の谷崎のこの筆致には多分に自己批評が含まれているのだが、阪神間の風土を礼賛し、そこに永住しうる人生を至高のものと感じる女性の意識の流れの描出は、現在の不動産広告に至る、やや自己満足的な阪神間イメージの創出を準備したといえよう。芦屋の蒔岡家は隣人のドイツ人シュトルツ、亡命ロシア人のキリレンコとも付き合っている。しかし、当時交戦していた中国系、英米系の外国人は登場しない。一九三一年執筆の『吉《よし》野葛《のくず》』では天皇制の問題に踏み込んでいた谷崎だが、このことからも『細雪』をめぐる「時局」の厳しさを看取することができるかもしれない。

大連から阪神間に移り住んだ遠藤周作は戦後、『黄色い人』でこの「時局」の問題に踏み込んだ。この小説では戦争への非協力のゆえに投獄されるカトリックの神父を裏切る別の神父、それを傍観する日本人青年の語り手の独白が綴られる。また、青年の故郷である仁川《にがわ》（現宝塚市／西宮市）の風景が以下のように紹介される。

> おなじ阪神の住宅地でも芦屋や御影とちがい、ここは空気も乾き土地の色も白く、ふしぎに異国の小さな田舎村のような風景をもっていました。
>
> 昭和七年ごろ故国を遠く離れたカナダ人たちがここに関西学院を創り、（中略）貴方の天主公教会はこのプロテスタントの学院と川を隔てた対岸にありました。（中略）

日本の土地にありながら、にせの異国風景をいかにも小賢しく作り上げた仁川は、黄色人のくせに母や叔母の手によって、貴方の教会の洗礼をうけさせられた自分にそっくりでした。

やや観念的とはいえ、この小説では阪神間モダニズムの「もろさ」が自己批評を伴って解剖されているのである。

「亡命者の港」として

他方、手塚治虫の『アドルフに告ぐ』は現実の神戸の残酷さを知りつつ、亡命者のユートピアとしての「神戸」を形象化する。宝塚の富裕な家庭に育った手塚は父親が撮影した写真シリーズ『流氓《りゅうぼう》ユダヤ』の記憶をこの作品に持ち込んだ。この作品の中盤、ドイツから家族と別れて一人で神戸に逃れてきたユダヤ人少女がパン屋のアドルフに連れられて海の見える丘に登り、神戸のユダヤ人の中にも亡命者受け入れをめぐって対立があることを知らされる場面がある。エリザはつぶやく。

> この港のように青い海に暖かい南の風が流れて　たくさんの鷗が見える丘の上にあたしの家があるの……ドイツ人は一人も居ずユダヤ人だけの大学に通ってユダヤの歴史を習うの……そこは……きっとあたしたちの祖先の土地……パレスチナだわ。

「亡命者の港」は現実には実現しがたいユートピアであり、政治的・民族主義的な力学の中で無傷ではあり得ないだろう。しかしそれでも「この港のように青い海に暖かい南の

図12　ヴィーナスブリッジからの神戸市中央部と港の風景

風が流れて」という言葉の喚起する力は失われず、戦争と災害の現実を越えても生き残っている。手塚は寓意性の高い漫画という方法で「神戸」の可能性の中心を形象化したといえるのではないか。

芦屋・夙川《しゅくがわ》（現西宮市）で育ち、のちイタリア人と結婚して彼地に移住した経験を持つ須賀敦子『トリエステの坂道』にも、ユダヤ系詩人ウンベルト・サバの跡を訪ねてトリエステの坂道を歩きながら神戸を想起する場面がある。

目を閉じさえすれば、それはそのまま、むかし母の袖につかまって降りた神戸の坂道だった。母の下駄の音と、爪先に力を入れて歩いていた靴の感触。西洋館のかげから、はずむように視界にとびこんできた青い海の切れはし。

トリエステはオーストリアとイタリアの狭間にある多民族の都市であり、ユダヤ系詩人の生涯の住処《すみか》となった。須賀の一筆書きは手塚とも異なる手法で、海港都市「神戸」

の世界性をアレゴリカル（寓話的）に形象化している。二人は共に一九二〇年代生まれ、十代で戦争を経験し、晩年に近い一九八〇年代にこれらの作品を書いた。神戸モダニズムの子どもたちによる、最も良質な新世紀への贈り物といえるだろう。

孤児たちの物語

近代神戸には多くの貧しき人々が住んでいた。十一谷義三郎『跫音』は海港の孤児院で育った少年「生田捨吉」の一生を描こうとした小説（中絶）である。孤児院では皆「湊川」「滝道」「長田」等、拾われてきた場所の地名で呼ばれる。最後、院長の見かけだけの慈善宣伝のため諏訪山動物園に連れ出された「烏のような」孤児たちが、紳士淑女の好奇の視線にさらされるさま、「大元帥陛下」の行幸に際して孤児たちが旗を持たされて疲弊するさまは、孤児の眼差しから見た海港の残酷な一面を映し出して迫力がある。

菊田一夫の『がしんたれ』は台湾育ちの少年が養父に騙《だま》され、元町の美術商に売られながらも図書館に通い、文学の志を果たそうとする苦学時代を描いたものである。作中、丁《でっ》稚《ち》の身分で文学雑誌に投稿したことを恥ずかしく思う少年を平野（福原当時、清盛の邸があった山麓の地域）に住む令嬢が叱咤激励する（「丁稚の身がなんで恥ずかしい！　丁稚が詩を作ったらいかんのか！　そんなひがみ根性のド根性なしでどないするんや！」）。逆境にある身寄りのない少年が、見知らぬ人に助けられる話は長田出身の大村崑《おおむらこん》の自伝「わが心の自叙伝」にもある。これらのパターンは日本的な人情物語の定型だが、神戸の貧しき人々の汗と涙がつまっている。そのような物語を可能にしたのも、神戸の「出会いの町」としての性格であろう。

アジアの中の神戸

しかし、近代神戸には国内各地方からのみならず、植民地とされた地域からも多くの人々が移住してきていた。台湾人三世の陳舜臣《ちんしゅんしん》は、一九三〇年代の華人ディアスポラに焦点をあてた小説を幾つか書いている。『残糸の曲』は日本人家庭で育てられた孤児の少年が、ある日自身の父が華僑であることを知らされてその神戸の家庭に呼び戻され、中国人になろうとしつつ生きていくさまを描いた小説である。

また、『青雲の軸』は台湾出身の作家を語り手とする「自伝的」小説である。主人公は幼いころ、人は誰もが家の中と外で異なる言葉を使うものと思っていたのだが、ある日そうでないことを知り、衝撃を受ける。元町五丁目の植木市に中国服を着た祖父と出かけたとき、「おまえらに見られたら、植木が腐ってしまうやんかい。早よ去《い》なんと、どつくぞ！」と脅されたこともあった。中学時代の一九三六年（昭和十一）、家が海岸通にあったこともあり、船マニアとして観艦式を楽しみにしていた彼は、その前日、朝鮮出身の級友と共に配属将校から呼び出され、外出を禁じられてしまう。日中戦争開始後、彼は周囲の流れに逆らうかのように中国人意識を高めてゆく。
人を奮い起たせるには、屈辱の味をなめさせるのが最も効果がある。（支那人がなぜいけないいんだ？）と、俊仁は心のなかでくり返していた。それがいつのまにか、（おれは支那人だ！）という叫びに変わった。

その一年後に起こった一九三八年の阪神大水害の際も、濁流を見た彼は一瞬、黄河や揚子江を想起し、「曇り空から一条の薄日がこぼれてきたように思った」とある。そんな彼は、ある日諏訪山公園で英印のユーラシアンであるメリー、無国籍のトルコタタール人の娘アスタ等と出会い、現実にはあり得ない「心の祖国」について話し合う。ここでも神戸のマイノリティが自らの心を解放できる場所として、海を見下ろせる諏訪山公園が選ばれていることは注目に値しよう。

図13　関　帝　廟

アジア出身者の家族を描いたものとしては灰谷健次郎『太陽の子』も重要である。兵庫区の川崎造船所に近い下町の沖縄料理屋「てだのふあ・おきなわ亭」を営む

「ふうちゃん」の父親は、明るく優しい人だったが、ある時期から口数が少なくなり、不可解な行動が目立つようになる。あるとき、「ふうちゃん」はそれが沖縄戦のトラウマによるものであることを知る。明るくてにぎやか好きな沖縄の人々の神戸移住の背景に、さまざまの語られない歴史、語りえない痛みが伏在していることが徐々に明らかになっていく。小説の舞台は現在のハーバーランドに近い、長屋の多い「お化粧のしようもないもう一つのミナト神戸」だが、人々は沖縄につながる神戸の海を愛し、その記憶を支えに生きている。

田宮虎彦『朝鮮ダリヤ』小田実『「アボジ」を踏む』も印象的である。前者は神戸で中学生活を送った語り手が、同級生だった朝鮮人、呉炳均とその妹のことを回想する小説である。同級生時代、「不逞《ふてい》鮮人」と言われ、学校を去っていった呉を理解できなかった語り手は、数十年後、彼が革命運動家になった真の理由を知るにいたる。この小説でも、一般の日本人と朝鮮人の非対称な構造、不正義を裁き得ない社会の隠蔽的な構造が抉《えぐ》り出されている。後者は君が代丸に乗って神戸に着た語り手の舅《しゅうと》の「アボジ」が、長田で震災によって家を失い、収容施設で棄民同然の扱いを受けながらもユーモアを絶やさず、死んでいくさまが描かれる。「アボジ」は「オダくん、僕は生《な》まで帰る」といい続け、望みどおり故郷済州島で野辺送りにされ、石組みの墓の中に土葬される。アジア出身者ディアスポラの心の中には、故郷の記憶が大きな存在感を示し続けているのである。

終わりに

神戸は二十世紀に入ってから、一九三八年の阪神大水害、一九四五年の空襲、そして一九九五年の大地震と何度も天災・人災に遭っている。三八年の大水害は『細雪』や『青雲の軸』等で、四五年の大空襲は野坂昭如『一九四五年・夏・神戸』『火垂《ほた》るの墓』、たかとう匡子《まさこ》『ヨシコが燃えた』などで描かれている。しかし、移住者たちは日常的にも、帝国日本の海港都市・神戸の社会構造の中で、さまざまな喜びと悲しみを経験してきた。産業化・軍国化する社会の中で、移住者は多く残酷な局面にも遭遇した。しかし、海港都市の属性である、予想を超えた出会いをもたらす接触空間としての性格は、時にナショナルで分断的な社会に「世界」の風を吹き込むこともあった（戦時中の「神戸」におけるその可能性を追求したものとして、トアロードの掃き溜めホテルに滞在す

図14　トアロード

る外国人たちと語り手の出会いと別れを描いた西東三鬼《さいとうさんき》『神戸』がある)。

戦後冷戦期の高度成長を経て現在、少子高齢化とグローバル化の時代を迎えている神戸は、かつてと異なる局面を迎えている。しかし、以上見てきたように、「予想を越えた出会いをもたらす接触空間」としての海港都市神戸の性格はまだ失われてはいない。そして、そのような近代以後の歴史に向けてこの海港の運命を大きく方向づけたのが、「『平家物語』の中の清盛」の章で紹介した延慶本『平家』の「築島」説話に表現されているような、平清盛と海の交通の担い手たちの行為だったといえよう。

二十世紀の批評家、花田清輝《はなだきよてる》は『日本のルネッサンス人』で、ある体制が終わりつつあり、しかしまだ次の社会の輪郭が定まらないような時代を「転形期」と名づけ、その「転形期」の特性として三つの条件を挙げている。第一に、「現在の偶然性」の一点において、「過去の必然性」と「未来の可能性」とがせめぎあっており、「あらゆる対立物が、相互に浸透しあって、一種異様なアンサンブル効果を生みだしてい」るような状況であること。第二に、転形期を生きる人々は自分の時代・社会に対して、「薄にまじる葦の一むら」としての違和感や「まま子」感覚を持ち続けるものであること。清盛も時忠も、「社会のまま子」としての感覚を生涯持ち続けた人々であった。だが、花田は「転形期」の第三の性格として、もう一つ、「それぞれの転形期には共通の『普遍的な』性格があり、ある転形期に生きる者は別の転形期にも関心を持つということ」を挙げている。我々が清盛やその血のつながらない「子どもたち」に関心を持つのも、現在がもう一つの「転形期」であるからではないだろうか。

先に紹介した陳舜臣『残糸の曲』は、日中戦争の勃発を知った主人公が、「これからもいろんなことがありそうですね」とつぶやくところで終わっていた。二十一世紀の神戸においても、きっと「いろんなことが」あることだろう。それが長期的にはよりポジティヴな未来に向かう出来事群であることを念じて、本書の結びにかえたいと思う。

あとがき――「鳥の囀り」の中で

本書を書き終えてから浮かんできた一つの疑問がある。それは、清盛は同時代の中国語をどの程度理解できただろうか、ということである。

遣唐使はなやかなりし八世紀には、日本にも吉備真備《きびのまきび》のように同時代の中国語を使いこなせる知識人がいた。九世紀前半、中国に渡った円仁《えんにん》はその途上、懸命に中国語を習得した。しかし九世紀後半以後、遣唐使が途絶え、日本で学ばれる古典中国語（漢音）と同時代の中国語の乖離が大きくなり、さらに訓読の普及により中国文献を音読する習慣さえなくなってくると、日本で同時代の中国人と会話のできる人材は払底してしまった。『源氏物語』「桐壺巻」冒頭には、高麗の相人《そうにん》と光源氏の後見役である右大弁が、光源氏の将来について「言ひ交はす」場面がある。しかし、湯沢質幸氏（『増補改訂　古代日本人と外国語』勉誠出版、二〇一〇年）によると、紫式部の在世当時の右大弁が（いかに学識ある人物であったとしても）、高麗の相人と中国語で会話を交わしうるということは考えられないという。

しかし、十二世紀前半、清盛と親しかった信西《しんぜい》は、いつの日か遣唐使に任じられる時のために「彼国の詞」を学んでおり、通訳なしで「唐人」と会話が可能だったといわれる（『続古事談』二・二〇話）。信西は鳥羽院政期に清盛の父・忠盛が長く知行していた肥前国神崎荘を忠盛の死後、知行しており、信西と清盛は日宋貿易に関する基盤と情報を共有しうる関係であった（後年、清盛が福原に近い和田浜で主催した千僧供養では、信西の息子澄憲が表白文を作成している）。清盛が後白河院を「宋人」に引き合わせて貴族たちの憤激を買った事件（本書二八ページ）は、彼と「宋人」とのダイレクトな交際がかりそめのものでなかったことを暗示している。

清盛は、九条兼実のブレイン・清原頼業《よりなり》や剛直な貴族・藤原長方《ながかた》らのような、漢学や漢詩文に関する教養は充分持っていなかったかもしれない。しかし、福原にやってきた商人や船頭たちが使う現場の中国語については、かなり聞き慣れ（さらには話し慣れ）ていたのではないだろうか。

外国語を学ぶ際、人は誰しも自分が当然視していた言語感覚や視点・音感・身体感覚の自明性をはぎ取られ、それらが相対的なものに過ぎなかったことを思い知らされる。逆に自身の言語感覚や世界観を守りたい人間は、往々にして自言語・自文化にたて籠もる。

『高倉院厳島御幸記』によれば、治承四年（一一八〇）三月、厳島参詣の帰途、福原を視察しようとした高倉院の意思とは逆に、多くの貴族は福原に関心を示さず、一刻も早く京に帰りたがったという。また、清盛が差し向けた「唐の船」に「唐人」が乗っているのを見た筆者（源通親）は、外国人が高倉院に「むげに近く候はんまでぞかはゆく覚ゆる」（むやみとお側近くお仕えすると思われる事態に至っては、見るに耐えないように思われる。訳は水川喜夫による）と反発している。平安京貴族の多くは、彼らの世界観や心象地理が新しいものによって揺るがされることを憎んだ。そのことは、たとえば承安元年（一一七一）十月、清盛が中国古代の政治家・百《ひやく》里奚《りけい》の故事にならって、日宋貿易で得た羊五頭と麝鹿一頭を後白河院に献上した数ヵ月後に疫病が流行した際、羊が原因だとする声が上がり、清盛に返却された事件（『百錬抄』同年同月二十三日条）からもうかがえる（治承三年に風邪が流行った際には、日宋貿易による宋銭の大量流通による「銭の病」だとする声があがった〈『百錬抄』同年六月二十日条〉）。

　人は無意識のうちに自身にとって意味のある「物語」を充填して生きている。しかし、物語には他者に対するイメージの操作（語り手の世界観を揺るがす可能性のある現象を、否定的な存在として選別・排除するために敢えてなされる）も含まれる。おそらく人は多かれ少なかれ、このような「物語」の積み重ねの中で生きている。それは時には当事者たちにとって、生きるための必要悪でさえあるかもしれない。

しかし、そのような「物語」が人々の集合的記憶や支配的な文化の型を形成している場合、我々はそれを無邪気に受け入れるわけにはいかない。我々は異なる言語文化を背景とする人々が隣り合って生活する時代・社会に生きている。その意味で、清盛の表象に関わる問題系は決して過去の話ではなく、他人事でもない。現代の我々も、同じような「出会い損ね」に基づく選別と排除を、たとえば隣国の人々との間に繰り返しているのではないだろうか。

清盛について考えることは彼に関する言説間の落差について考えることであり、「物語」という形式のもつ両義性について考えることでもある。しかし、それだけではない。清盛とても、「宋人」たちとの間に摩擦や出会い損ねがなかったわけではない（本書三一ページ参照）。しかし彼は最晩年に至っても、海彼の文化に対する強い関心を棄てていない。都びとには「鳥の囀《さえず》り」として敬遠された異国の音韻に充ち満ちた海港で、彼がどのような世界を構想していたのか――それを追いかけることが清盛論の新たな課題になるだろう。そしてそれは、言語文化の異なる人々同士が、選別と排除の連鎖から脱け出し、試行錯誤を通じて摩擦や「出会い損ね」をも受け入れる器量と勇気を持てるようになるためにはどうすればよいのか、を考える一助にもなるだろう。

なお、本書の記述のうち、「『平家物語』の中の清盛」「変貌する清盛」「『平家物語』を書きかえる」の一部は論文「清盛の「悪行」を読みかえる」(『日本文学』五四巻一号、二〇〇五年一月)、「検非違使文学としての『平家物語』」の一部は「検非違使文学の系譜」(『武蔵野文学』五八号、二〇一〇年十二月)を踏まえていることをお断りしておきたい。

本書を執筆した二〇一〇年は試練の多い一年だったが、妻や家族の支えによって乗りきることができた。また、吉川弘文館編集第二部の石津輝真さんには終始、適切なリードをいただき、一方ならぬお世話になった。記して感謝申し上げます。

二〇一一年正月

樋口大祐

主要参考・引用文献

梶原正昭・山下宏明編『平家物語』上下（岩波新日本文学大系、一九九三年）

北原保雄・小川栄一編『延慶本平家物語　本文篇』上下（勉誠社、一九九〇年）

市古貞次ほか校注『源平盛衰記』一（三弥井書店、一九九一年）

九条兼実『玉葉』（国書刊行会）　※原文は漢文だが、引用に際して読み下した。

『兵範記』『山槐記』『吉記』（増補史料大成）

『保元物語　平治物語』『愚管抄　神皇正統記』（岩波日本古典文学大系）

『万葉集　二』『古今和歌集』『今昔物語集　五』『宝物集　閑居友　比良山古人霊託』『古事談　続古事談』『保元物語　平治物語　承久記』『謡曲百番』『舞の本』（岩波新日本古典文学大系）

『宇治拾遺物語』『十訓抄』（小学館日本古典文学全集）

『古今著聞集』『発心集』（新潮日本古典集成）

『日本紀略　百練抄』『吾妻鏡　二』『公卿補任　一』（新訂増補国史大系）

『西行全集』（久保田淳編、日本古典文学会）

『高倉院厳島御幸記』（水川喜夫『源通親日記全釈』笠間書院、一九七八年）

『太平御覧』一〜四（中華書局）

『平家物語大事典』（東京書籍、二〇一〇年）

『孕常盤』（『近松全集』九巻、朝日新聞社、一九二七年）
『平家女護島』（『近松全集』一一巻、朝日新聞社、一九二八年）
『摂陽郡談』巻第五「島の部　経之島」（大日本地誌大系、雄山閣、初版一七〇一年）
『理斎随筆』巻之三「あまの岩戸」（『日本随筆大成』第三期一、吉川弘文館、初版一八二三年）
「大日本史論藪」（松本三之介・小倉芳彦校注『近世史論集』、岩波日本思想大系）
木村正中他校訂『平家物語抄　平家物語考証』（国学院大学出版部、一九〇八年）
『新井白石全集』第三（吉川半七発行、非売品、一九〇六年）
竹下直之他校訂『日本外史』上（いてふ本刊行会、一九五三年）巻之一「源氏前記」
竹越与三郎『二千五百年史』（開拓社、一八九六年）
高山樗牛「平相国」（『樗牛全集』三巻、日本図書センター、初出一九〇一年）
山路愛山『源頼朝』（東洋文庫、初出一九〇九年）
藤岡作太郎「平家物語」（明治文学全集四四、筑摩書房、初出一九〇九年）
辻善之助「平清盛論」（日本歴史地理学会『摂津郷土史論』弘文社、一九二七年）
山田美妙「平清盛」（明治文学全集二三『山田美妙　石橋忍月　高瀬文淵集』一九七一年、筑摩書房）
吉川英治『新・平家物語』一〜一六（講談社吉川英治歴史小説文庫）
同『随筆　新・平家物語』（同前）
北村謙次郎『平家物語』（偕成社、一九六四年）

福田清人『平家物語』（偕成社、一九七四年）
長野嘗一『平家物語』（ポプラ社、一九六五年）
永井路子『波のかたみ』（中央公論社、一九八五年）
宮尾登美子『宮尾本平家物語』一～四（朝日新聞社、二〇〇一～二〇〇四年）
同『義経』（日本放送出版協会、二〇〇四年）
大河ドラマ『義経』：NHK大河ドラマ「義経」完全ガイドブック（東京ニュース通信社、二〇〇五年）

高野正巳訳『平家物語』（講談社青い鳥文庫、一九九四年）
平田喜信監修・岸田恋『平家物語』（くもんのまんが古典文学館、くもん出版、一九九〇年）
横山光輝『平家物語』上中下（マンガ日本の古典、中央公論社、一九九五年）
石ノ森章太郎『マンガ日本の歴史』一三・一四巻（小学館、一九九七年）
児玉幸多監修『日本の歴史六　源平の戦い』（小学館版・少年少女学習まんが、初版一九八二年）
永原慶二監修・蔵持重裕解説『日本の伝記　平清盛』（集英社版・学習漫画、一九八九年）
木下順二『絵巻平家物語』（ほるぷ書店、一九八七年）
木下順二『子午線の祀り』（河出書房新社、一九七九年）

島津久基『羅生門の鬼』（平凡社東洋文庫、初出一九二九年）
石母田正『平家物語』（岩波新書、一九五七年）

池田敬子「悪行の道程」（『大阪工業大学紀要　人文社会篇』三六巻二号、一九九二年三月）
兵藤裕己『平家物語』（ちくま新書、一九九三年）
同『王権と物語』（岩波現代文庫、二〇一〇年）
五味文彦『平清盛』（吉川弘文館、一九九九年）
元木泰雄『平清盛の闘い』（角川選書、二〇〇一年）
高橋昌明『平清盛　福原の夢』（講談社選書メチエ、二〇〇七年）
同『平家の群像』（岩波新書、二〇〇九年）
歴史資料ネットワーク編『神戸と平家』（神戸新聞総合出版センター、一九九九年）
小峯和明『説話の森』（岩波現代文庫、二〇〇一年）
小川豊生「〈文狂〉の時代」（院政期文化研究会編『院政期文化論集一　権力と文化』森話社、二〇〇一年）
黒田日出男『龍の棲む日本』（岩波新書、二〇〇三年）
平藤幸「平時忠伝考証」（『国語と国文学』七九巻九号、二〇〇二年）
花田清輝『日本のルネッサンス人』（講談社文芸文庫、初出一九七四年）
大西巨人『俗情との結託　大西巨人文芸論叢上』（立風書房、一九八二年）
中上健次『地の果て　至上の時』（新潮文庫、初版一九八三年）
小泉八雲『心』（岩波文庫、初出一八九六年）

『日本の詩歌25　北川冬彦　安西冬衛　北園克衛　春山行夫　竹中郁』（中央公論社、一九六九年）
谷崎潤一郎『細雪』一〜四（新潮文庫、初出一九四四〜一九四八年）
遠藤周作『白い人・黄色い人』（新潮文庫、初出一九五五年）
手塚治虫『アドルフに告ぐ』一〜五（文春コミックス、初版一九八五年）
須賀敦子『トリエステの坂道』（新潮文庫、初版一九九五年）
十一谷義三郎『あの道　この道』（創元社、一九二九年）
菊田一夫『がしんたれ』（角川文庫、初版一九六〇年）
陳舜臣『残糸の曲』（朝日文庫、初版一九七一年）
同『青雲の軸』（講談社文庫、初版一九七四年）
灰谷健次郎『太陽の子』（角川文庫、初版一九七八年）
田宮虎彦『朝鮮ダリヤ』（『ふるさと文学館　兵庫』ぎょうせい、一九九四年。初出一九五一年）
小田実『「アボジ」を踏む』（講談社、一九九八年）
西東三鬼『神戸・続神戸』（講談社文芸文庫、初出一九五四〜一九五九年）
アンデルセン『絵のない絵本』（大畑末吉訳、岩波文庫、一九五三年）
スタンダール『赤と黒』（桑原武夫・生島遼一訳、岩波文庫、一九五八年）
フォークナー『アブサロム、アブサロム！』（高橋正雄訳、講談社文芸文庫、一九九八年）
ベンヤミン『歴史の概念について』（『ボードレール他五篇』野村修編訳、岩波文庫、一九九四年）
ギンズブルグ『歴史を逆なでに読む』（上村忠男訳、みすず書房、二〇〇三年）

G・C・スピヴァク『スピヴァク、日本で語る』(鵜飼哲監修、本橋哲也ほか訳、みすず書房、二〇〇九年)
ハルオ・シラネ編『越境する日本文学研究』(勉誠出版、二〇〇九年)

著者紹介

一九六八年、兵庫県西宮市生まれ
一九九二年、東京大学文学部卒業
一九九八年、東京大学大学院人文社会系研究科博士課程修了、博士(文学)
一九九九〜二〇〇〇年、台湾カトリック輔仁大学外国語学部助理教授
現在、神戸大学大学院人文学研究科准教授

主要著書・論文
『「乱世」のエクリチュール』(森話社、二〇〇九年)「接触空間としての台南・安平港」(『海港都市研究』二号)

歴史文化ライブラリー
315

変貌する清盛
『平家物語』を書きかえる

二〇一一年(平成二十三)三月一日　第一刷発行
二〇一二年(平成二十四)二月二十日　第二刷発行

著　者　樋《ひ》口《ぐち》大《だい》祐《すけ》
発行者　前田求恭
発行所　株式会社 吉川弘文館
東京都文京区本郷七丁目二番八号
郵便番号一一三—〇〇三三
電話〇三—三八一三—九一五一〈代表〉
振替口座〇〇一〇〇—五—二四四
http://www.yoshikawa-k.co.jp/
印刷=株式会社 平文社
製本=ナショナル製本協同組合
装幀=清水良洋・渡邉雄哉

歴史文化ライブラリー

1996.10

刊行のことば

現今の日本および国際社会は、さまざまな面で大変動の時代を迎えておりますが、近づきつつある二十一世紀は人類史の到達点として、物質的な繁栄のみならず文化や自然・社会環境を謳歌できる平和な社会でなければなりません。しかしながら高度成長・技術革新にともなう急激な変貌は「自己本位な刹那主義」の風潮を生みだし、先人が築いてきた歴史や文化に学ぶ余裕もなく、いまだ明るい人類の将来が展望できていないようにも見えます。このような状況を踏まえ、よりよい二十一世紀社会を築くために、人類誕生から現在に至る「人類の遺産・教訓」としてのあらゆる分野の歴史と文化を「歴史文化ライブラリー」として刊行することといたしました。

小社は、安政四年（一八五七）の創業以来、一貫して歴史学を中心とした専門出版社として書籍を刊行しつづけてまいりました。その経験を生かし、学問成果にもとづいた本叢書を刊行し社会的要請に応えて行きたいと考えております。

現代は、マスメディアが発達した高度情報化社会といわれますが、私どもはあくまでも活字を主体とした出版こそ、ものの本質を考える基礎と信じ、本叢書をとおして社会に訴えてまいりたいと思います。これから生まれでる一冊一冊が、それぞれの読者を知的冒険の旅へと誘い、希望に満ちた人類の未来を構築する糧となれば幸いです。

吉川弘文館

〈オンデマンド版〉
変貌する清盛
『平家物語』を書きかえる

歴史文化ライブラリー
315

2022年（令和4）10月1日　発行

著　者　樋《ひ》口《ぐち》大《だい》祐《すけ》
発行者　吉川道郎
発行所　株式会社　吉川弘文館
〒113-0033　東京都文京区本郷7丁目2番8号
TEL　03-3813-9151〈代表〉
URL　http://www.yoshikawa-k.co.jp/

印刷・製本　大日本印刷株式会社
装　幀　清水良洋・宮崎萌美

樋口大祐（1968～）

ISBN978-4-642-75715-7